中国海洋统计年鉴

CHINA MARINE STATISTICAL YEARBOOK 2000

国家海洋局

Edited by
State Oceanic Administration,
People's Republic of China

海洋出版社

China Ocean Press

图书在版编目（CIP）数据

中国海洋统计年鉴：2000/
《中国海洋统计年鉴》编辑部编.-北京：海洋出版社，2000.10
ISBN 7-5027-5127-0
Ⅰ.中…Ⅱ.国…Ⅲ.①海洋资源-资源管理-统计资料-中国-2000-年鉴
②海洋开发-统计资料-中国-2000-年鉴 Ⅳ.P74-66
中国版本图书馆CIP数据核字（2000）第53939号

责任编辑/彭 慧

海洋出版社 出版发行
（100081 北京市海淀区大慧寺路8号）
国家海洋信息中心印刷厂印刷 新华书店发行所经销
2000年10月第1版 2000年10月第1次印刷
开本：787×1092 1/16 印张：16
字数：400千字 印数：1～2500册
定价：68.00元

图1. 全国主要海洋产业总产值和增加值
Gross Output Value and Added Value of Major Marine Industries

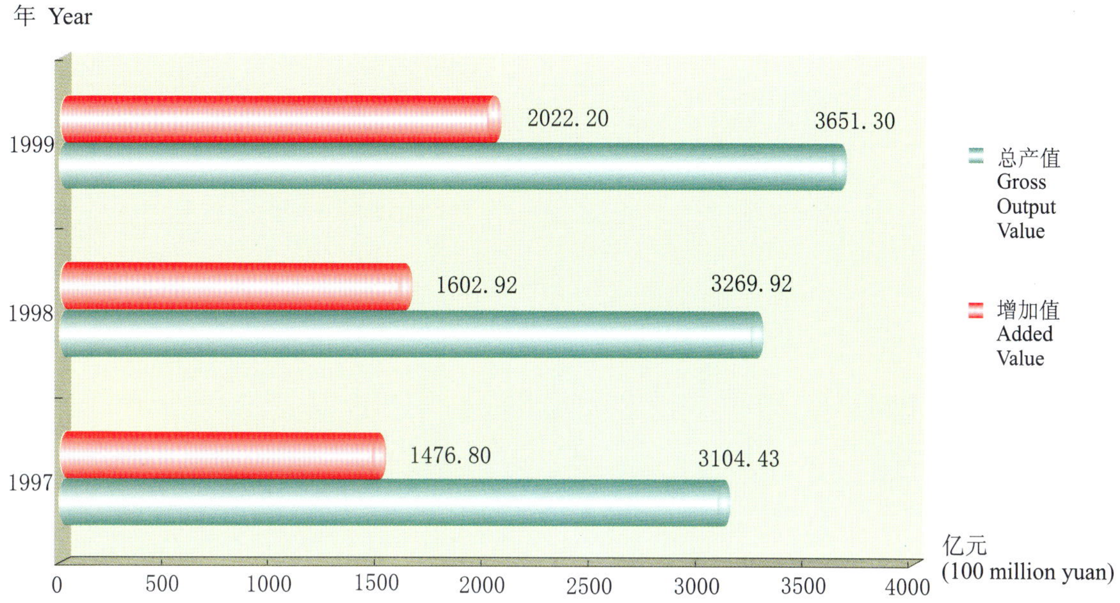

图2. 1999年全国主要海洋产业总产值行业构成
Structural Drawing of Major Marine Industries Output Value by Industries, 1999

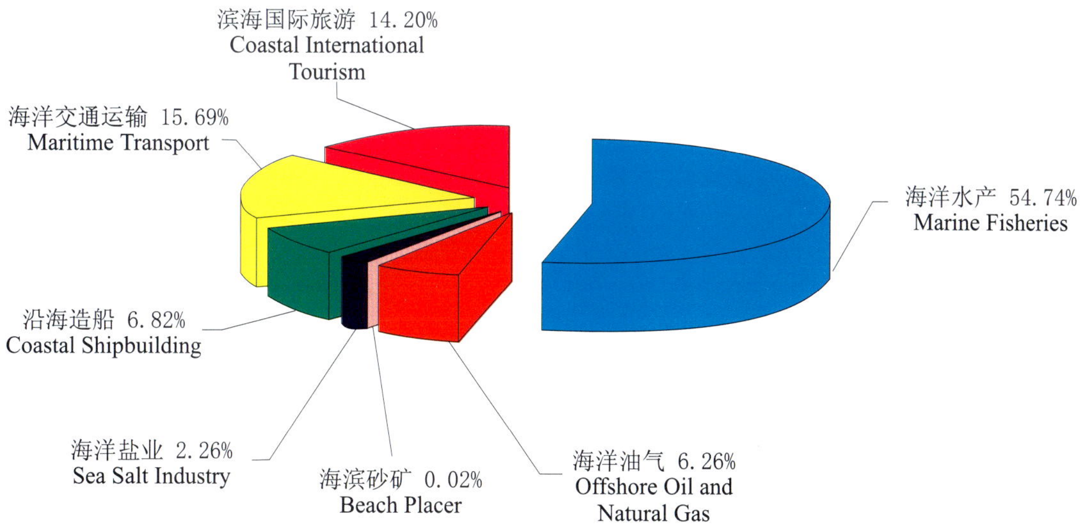

图3. 1999年沿海地区主要海洋产业总产值

Gross Output Value of Major Marine Industries by Coastal Regions, 1999

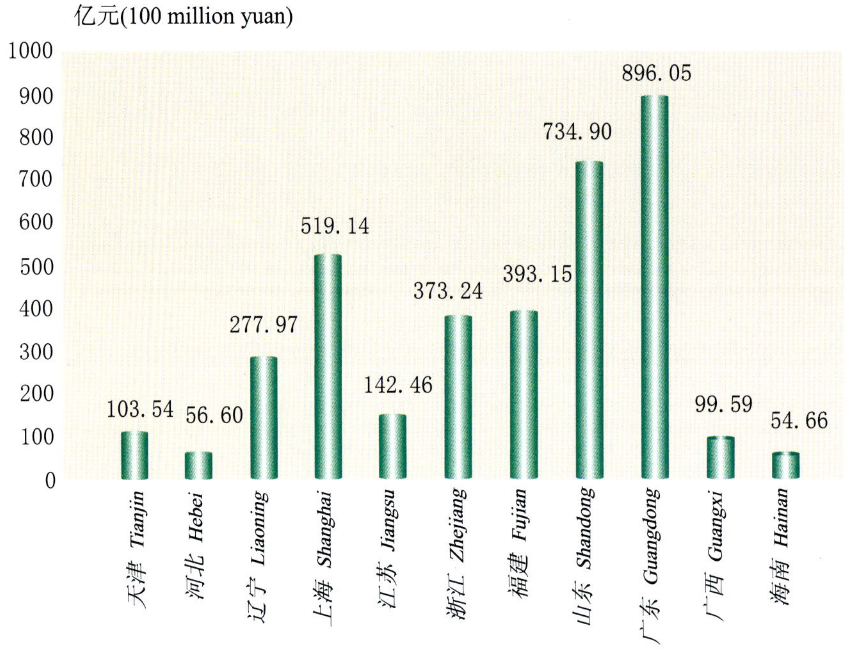

图4. 全国海洋水产业总产值

Gross Output Value of Marine Fisheries

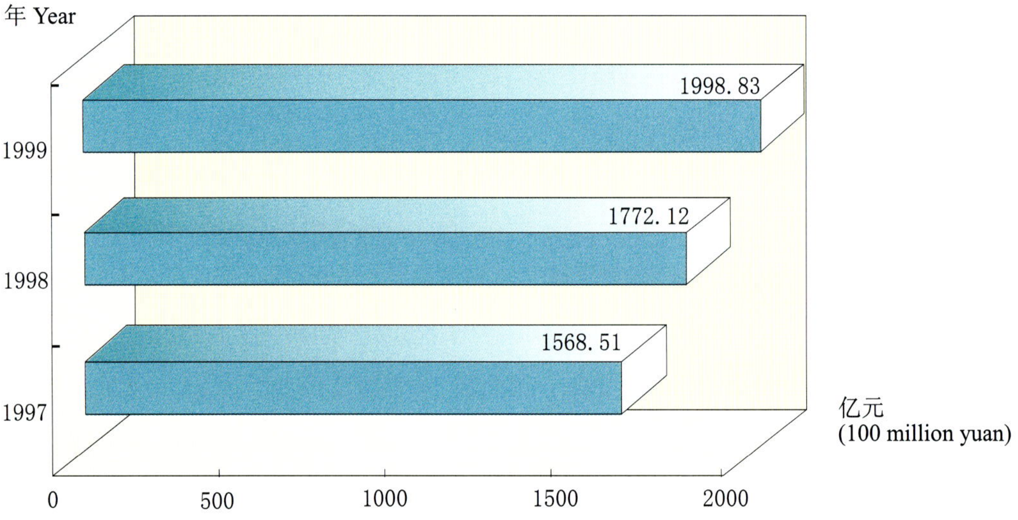

图5. 1999年沿海地区海水产品产量
Seawater Aquatic Products by Coastal Regions, 1999

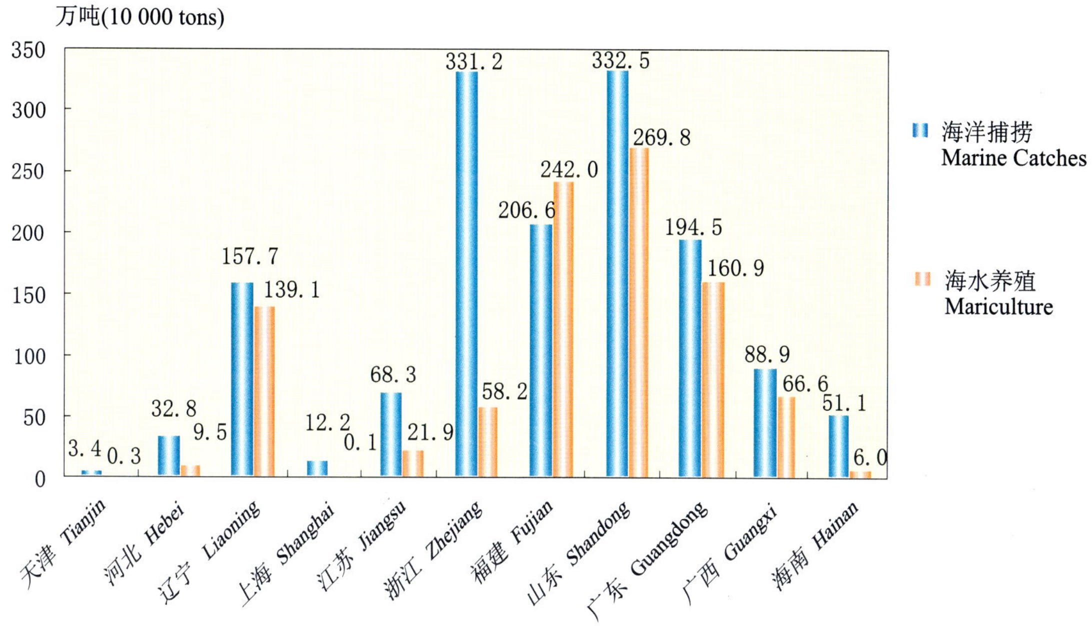

图6. 全国海洋石油天然气工业总产值和原油产量
Gross Output Value of Offshore Oil and Natural Gas Industry and Crude Oil Production

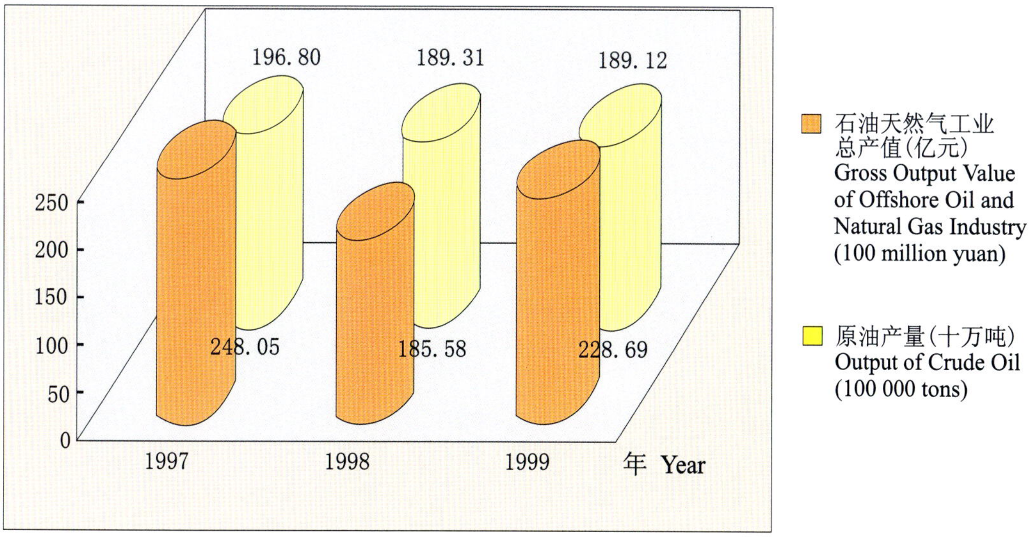

图7. 1999年沿海地区海洋石油天然气工业总产值

Gross Output Value of Offshore Oil and Natural Gas Industry by Coastal Regions, 1999

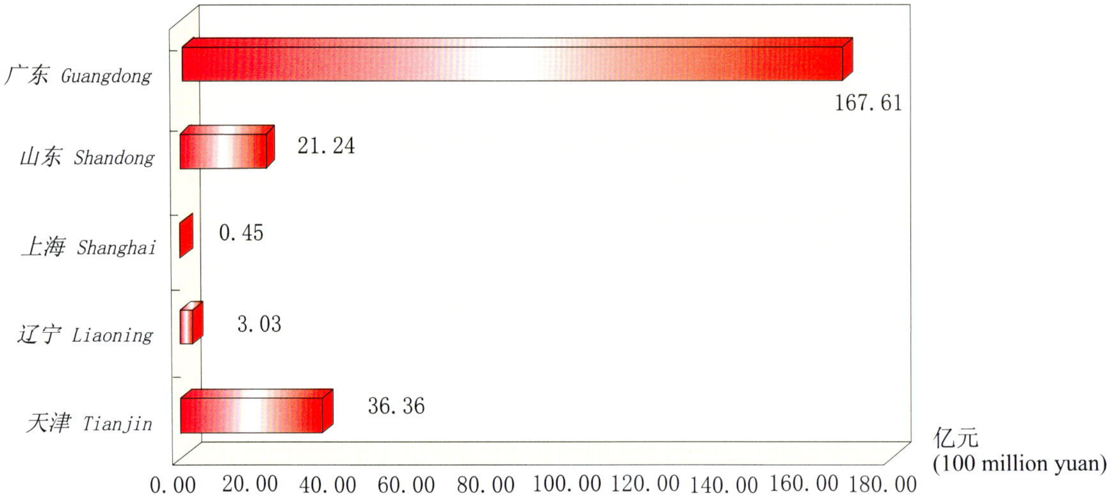

图8. 1999年沿海地区海滨砂矿产量和工业总产值

Output of Beach Placer and Output Value of Beach Placer Industry, 1999

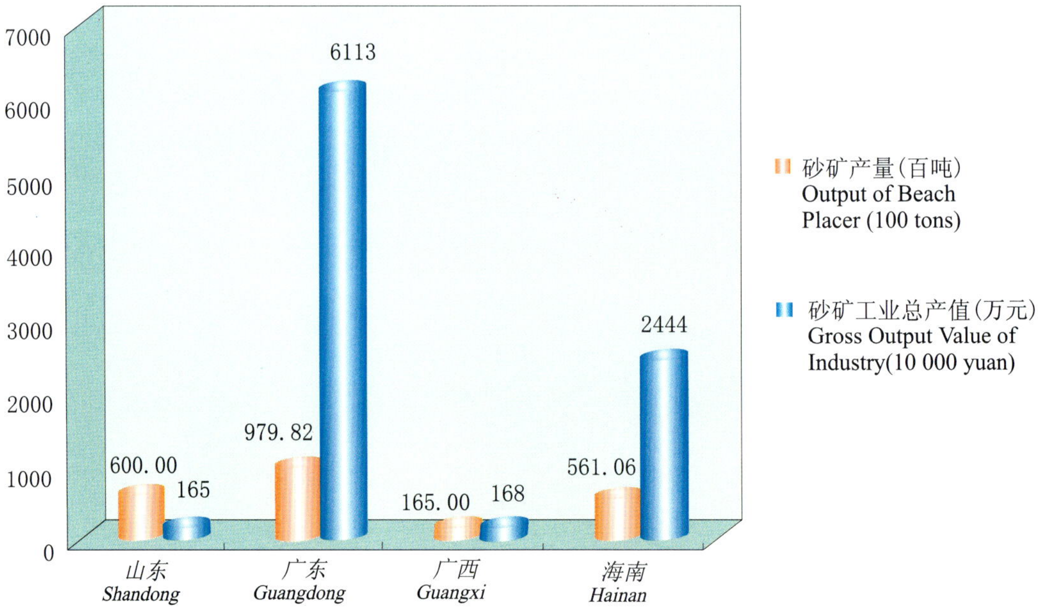

图9. 全国海盐产量和工业总产值
Output of Sea Salt and Gross Output Value of Sea Salt Industry

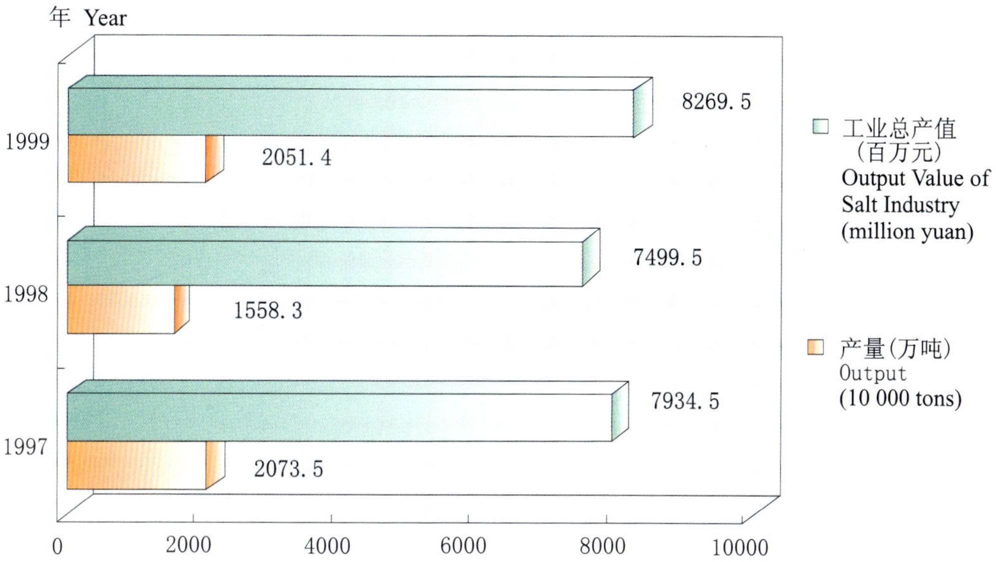

图10. 1999年沿海地区海盐产量
Output of Sea Salt by Coastal Regions, 1999

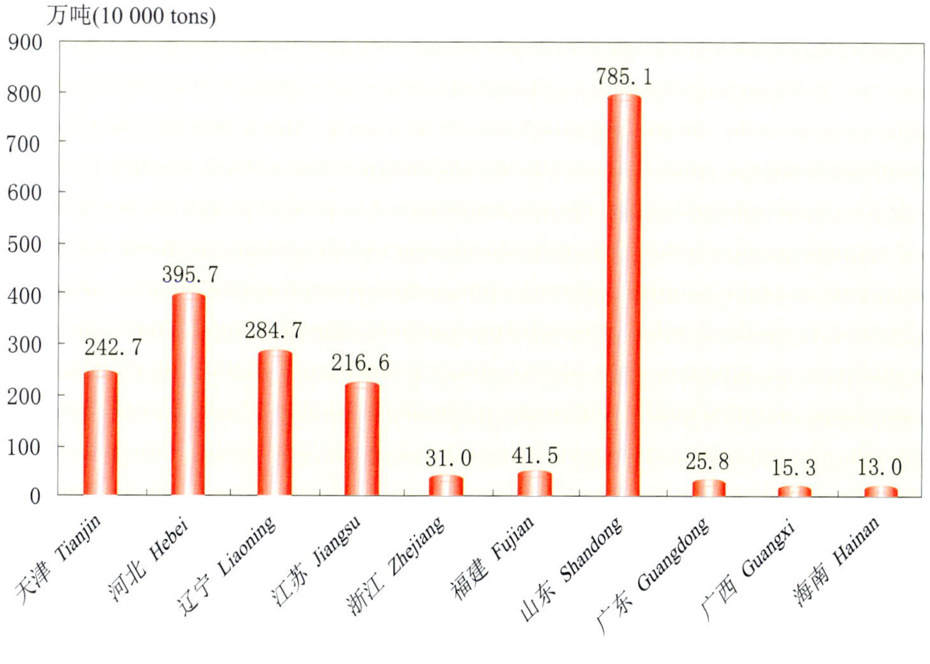

图11. 全国沿海造船工业总产值和造船综合吨位

Gross Output Value of Coastal Shipbuilding Industry and Comprehensive Tonnages of Ships Built

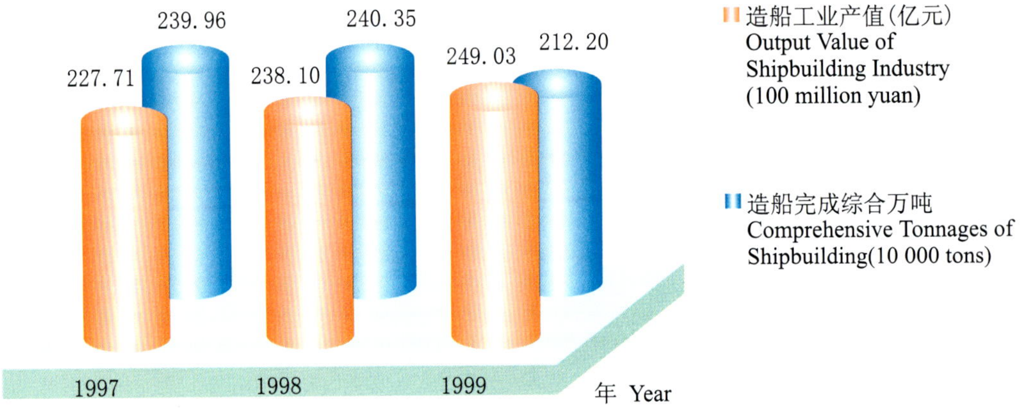

图12. 1999年沿海地区造船工业总产值

Gross Output Value of Coastal Shipbuilding Industry by Coastal Regions, 1999

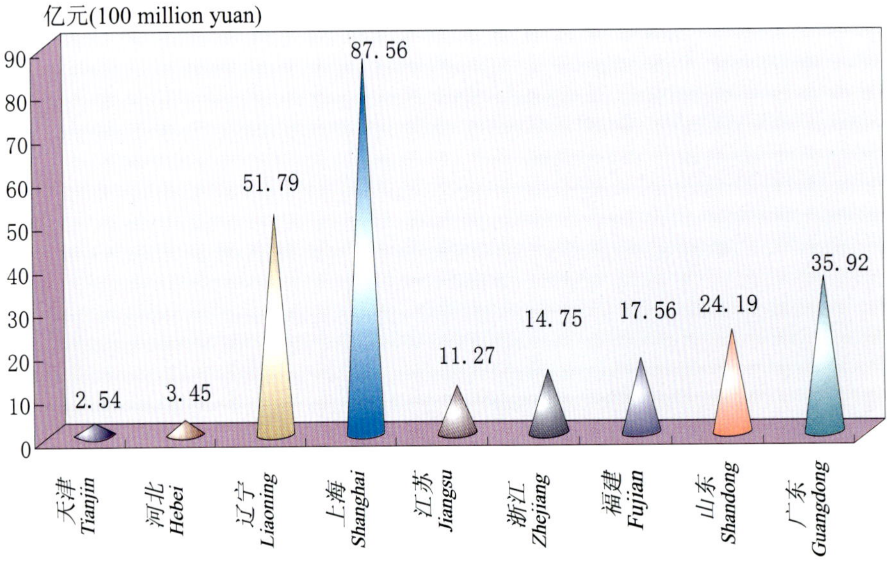

图13. 海洋交通运输营运收入
Operating Income of Seaport and Shipping

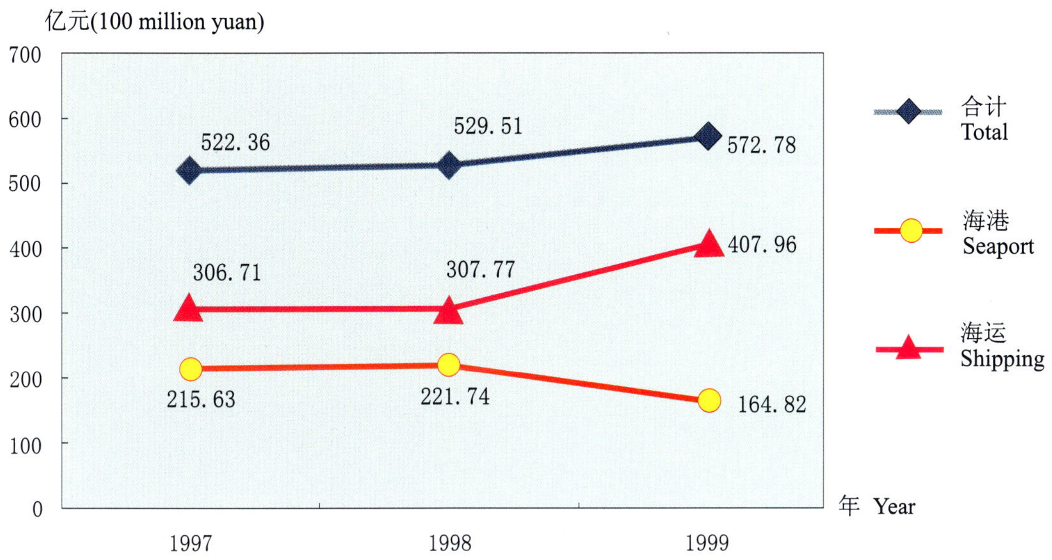

图14. 1999年沿海地区海洋交通运输营运收入
Operating Income of Seaport and Shipping by Coastal Regions, 1999

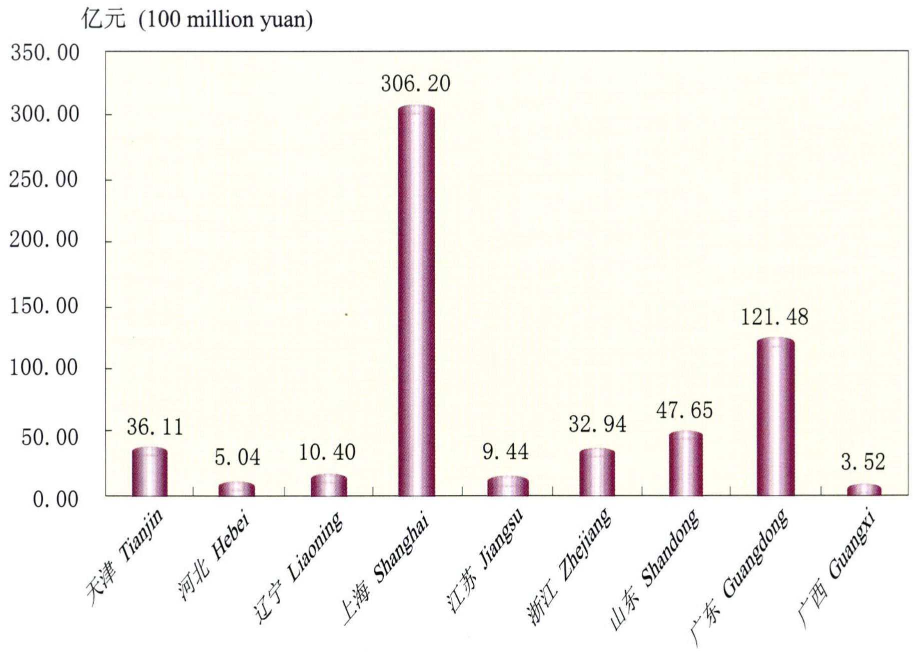

图15. 主要沿海城市国际旅游外汇收入和接待来华旅游者人数
International Tourism Exchange Receipts and Tourists Received of Major Coastal Cities

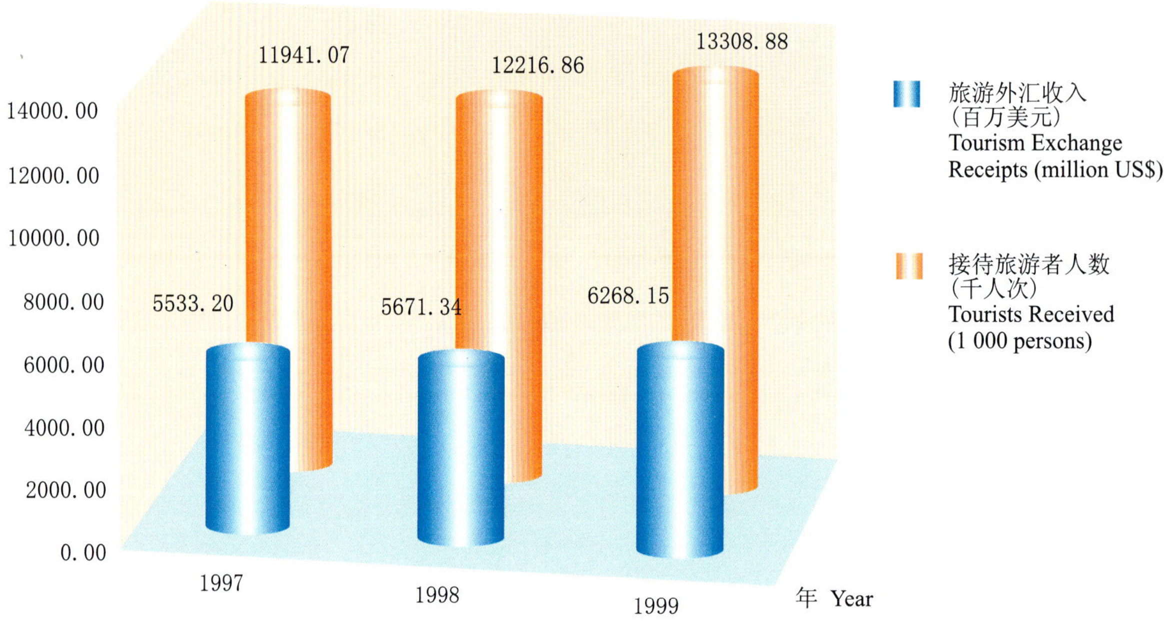

图16. 1999年沿海地区国际旅游外汇收入（万美元）
International Tourism Exchange Receipts by Coastal Regions, 1999 (10 000US$)

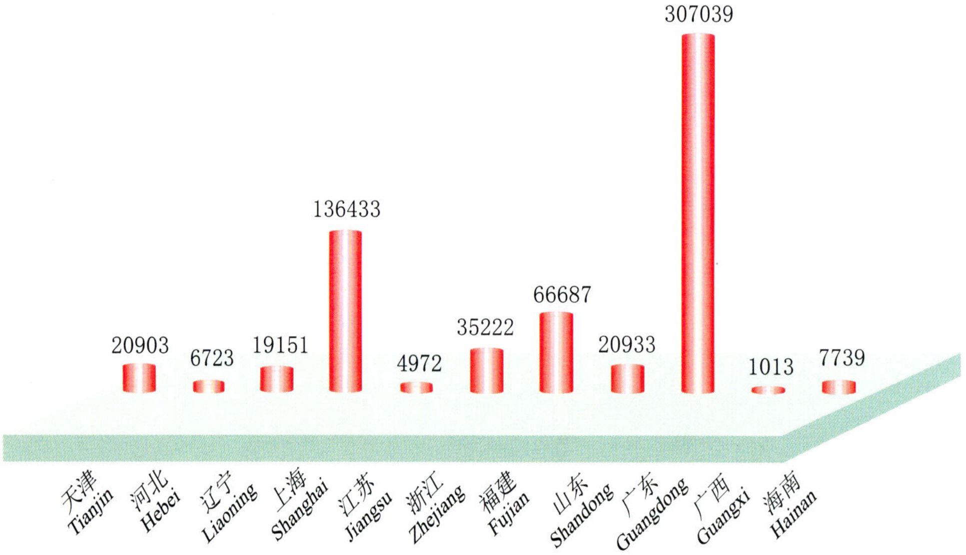

《中国海洋统计年鉴》编委会

《中国海洋统计年鉴》编辑部

编　者　说　明

一、《中国海洋统计年鉴》2000 年版是一部全面反映 1997~1999 年中华人民共和国海洋经济发展和海洋管理服务情况的资料性年鉴，全书为中英文对照。

二、本年鉴的统计资料范围为人们在海洋和沿海地区开发、管理、利用海洋资源和空间，发展海洋经济的生产和活动以及沿海地区的社会经济概况。地域范围为有海岸线的城市和县（县级市）。省、自治区、直辖市、县均按《中华人民共和国行政区划代码》的顺序排列。

三、年鉴资料内容包括综合资料、海洋水产、海洋石油和天然气、海滨砂矿、海洋盐业、沿海造船、海洋交通运输、滨海国际旅游、海洋科技与教育、海洋环境保护、海洋服务、世界海洋经济等十二部分。

四、本年鉴资料主要来自于国务院 18 个部、委、局、总公司的统计年报、年鉴、资料汇编及沿海省、自治区、直辖市统计局、海洋厅（局）提供的区域性统计资料。

五、海洋社会经济的发展状况，主要由各主要海洋产业（海洋水产、海洋油气、海滨砂矿、海洋盐业、沿海造船、海洋交通运输、滨海旅游等）的总量指标以及沿海城市、县（县级市）的主要社会经济指标两大方面反映出来。其他海洋产业，例如海洋化工、海水利用、海洋能利用和海洋药物等目前尚未统计在内。

六、本年鉴中除特殊说明外，所有价值量指标均为当年价。年鉴最后附有主要海洋统计指标解释，对主要海洋统计指标的含义、统计范围和统计方法作了简要说明。统计数据中的其他说明放于表的下面。带续表的资料，如有注释均放在最后一张表的下面。

七、本年鉴表格中符号使用说明："…"表示数据不足本表最小计算单位数；"空格"表示该项统计指标数据不详或无该项数据；"#"表示其中的主要项；其他符号如"*"或"①"等表示本表后面有注释。

八、由于数字精确度的原因，四舍五入后部分分项值之和与合计值有微小差异。

九、本年鉴资料国内部分未包括香港、澳门特别行政区和台湾省数据。

十、《中国海洋统计年鉴》在编汇过程中，得到了各有关单位的大力支持，我们在此表示衷心的感谢。由于编辑时间比较仓促，本年鉴中如有疏漏和不妥之处，谨请读者批评指正。

《中国海洋统计年鉴》编辑部

Introduction

Ⅰ.*China Marine Statistical Yearbook (2000)* is a data almanac which reflects in an all-round way the development of marine economy, marine management and service in the People's Republic of China between 1997 and 1999, and it is a Chinese-English bilingual edition.

Ⅱ.The Yearbook's statistics covers the production and activities in the marine and coastal areas in relation to the development, management and utilization of marine resources and space, and the development of marine social economy. The regions covered are cities and counties (county—level cities) with coastlines. The provinces, autonomous regions, municipalities directly under the Central Government, and the counties are arranged in order according to the Administrative Zoning Codes of the People's Republic of China.

Ⅲ.The data in the Yearbook include integrated data, marine fisheries, offshore oil and natural gas, beach placer, sea salt industry, coastal shipbuilding, maritime communications and transportation, international coastal tourism, marine science and education, marine environmental protection, marine service, world marine economy, etc.

Ⅳ.The main data sources of the Yearbook are the annual statistical reports, yearbooks and data compilations provided by the marine statistical information net consisting of 18 ministries, commissions, bureaus and general corporations as well as the regional statistical data provided by the statistical bureaus and the oceanic administrations of the coastal provinces, autonomous regions and municipalities directly under the Central Government.

Ⅴ.The development status of marine social economy may be manifested in the major social-economic indexes of various major marine industries (such as marine fisheries, offshore oil and natural gas, beach placer, marine salt-making industry, coastal shipbuilding, marine communications and transportation, seashore tourism, etc.) and marine social economy of the coastal cities and counties (county-level cities).

Other industries, such as marine chemical industry, seawater utilization, ocean energy utilization and marine pharmacology, are not included.

Ⅵ.Unless otherwise specified in the Yearbook, all the value indicators are given at the current price. At the end of the Yearbook are attached explanatory notes to the major marine statistical indicators, giving a brief explanation for the meaning, statistical range and statistical methods of the major marine statistical indicators. Other notes to the statistical data are listed below the tables. For the data with continued tables, annotations, if any, are put below the last table.

Ⅶ.The usage of symbols in the tables:

"…" indicates the statistics smaller than the minimum calculation unit in the table; "(Blank)" indicates that the data of the statistical index is unknown for the time being or that there shouldn't be any data; "#" indicates the major items of the table; Other symbols, such as "*" or "①", indicate "see footnotes below".

Ⅷ. For reasons of digital accuracy, there is small difference between the sum of values of some subterms after having been rounded off and the total values.

Ⅸ.The domestic part of the Yearbook do not include that of Hong Kong Special Administrative Region , Macao Special Administrative Region and Taiwan Province .

Ⅹ.In the course of editing, *China Marine Statistical Yearbook* enjoyed energetic support from the various departments concerned and we hereby extend our heartfelt thanks to them. Criticisms and comments are welcome from readers on any of the oversights and inappropriateness as the time for editing is too short.

Editorial Department of
China Marine Statistical Yearbook

1999年我国海洋经济发展综述

1999年，我国主要海洋产业总产值3 651.30亿元（现价，下同），比上年增长7.8％（除特别注明外，增长率均按1990年不变价计算）。增加值为2 022.20亿元，占全国国内生产总值的2.4％。以海洋经济为依托的沿海市、县国民经济也保持稳步增长，国内生产总值合计达27 831.00亿元，占整个沿海地区国内生产总值的56.3％；占全国国内生产总值的33.9％；沿海市、县的工业总产值为44 474.81亿元，占整个沿海地区工业总产值的57.1％，农业总产值4 774.53亿元，占整个沿海地区农业总产值的40.5％。

海洋水产业总产值1 998.83亿元，比上年增长5.1%。海水产品产量为2471.92万吨，比上年增加4.9%；海洋捕捞产量达1 497.62万吨，基本上实现了零增长的资源保护目标。海水养殖面积为1 094千公顷，比上年扩大9.1%；海水养殖单产9 329公斤/公顷，比上年增长766公斤/公顷；海水养殖总产量974.30万吨，比上年增长13.3%。

海洋油气工业总产值228.69亿元，比上年增加17.6%。原油产量为1 891.23万吨，比上年减少0.1％；海洋天然气产量47.76亿立方米，比上年增长13.9%。

海滨砂矿工业总产值为0.89亿元，比上年增长48.3％(按现价计算)。

全国盐业产大于销的局面依然存在。1999年，由于气候原因，北方沿海地区蒸发量普遍高于往年，造成海盐大幅增产，库存积压严重，因此国家有关部门继续对盐业采取限产压库政策，以缓和产销矛盾。全年海盐产量2 051.4万吨，比上年增长31.6％；工业总产值为82.70亿元，比上年增长14.8％。

沿海修造船业持续增长，1999年工业总产值达249.03亿元，比上年增长11.4％。

海洋交通运输业发展形势喜人。全年海洋货物周转量为19 843.7亿吨公里，比上年增长10.1%；沿海主要港口货物吞吐量10.5亿吨，比上年增长14.0%；营运收入572.78亿元，比上年增长8.2％(按现价计算)。

滨海国际旅游发展速度有所回升，外汇收入为62.68亿美元，折合人民币518.38亿元，比上年增长10.5％；全年共接待海外旅游者1 331万人次，比上年增长9.6％。

沿海省、自治区、直辖市主要海洋产业产值都呈上升趋势（见下表）：

沿海地区主要海洋产业总产值

单位：亿元

位　次	地区名称	主要海洋产业总产值
1	广　东	896.05
2	山　东	734.90
3	上　海	519.14
4	福　建	393.15
5	浙　江	373.24
6	辽　宁	277.97
7	江　苏	142.46
8	天　津	103.54
9	广　西	99.59
10	河　北	56.60
11	海　南	54.66

由于国家加强了环境污染防治力度，各沿海省(市、自治区)也提高了对环保问题的重视，在排海污水治理方面做了很大努力，近岸水体污染情况有所改善。1999年沿海地区直接排海的工业废水总量为8.14亿吨，比上年减少1.7%，但总的来说，海洋环境总体质量仍不乐观，尚需进一步的防治和保护。

1999年海洋科学研究机构107个，单位从业人员1.71万人，专业技术人员1.12万人，均比上年减少；完成课题项目3 372个，比上年减少4.1%；获科技成果奖205项。

Condition of China's Marine Economic Development in 1999

In 1999, the total output value of China's major marine industries has reached 365.130 billion yuan (in current price, the same below), 7.8% up from that in the previous year (unless otherwise specified, the increase rate is calculated at the constant price of 1990). The added value of marine industries is 202.22 billion yuan, amounting to 2.4% of the national GDP of China. The national economy of the coastal cities and counties supported by marine economy has also seen a steady growth, its GDP amounting to 2783.100 billion yuan, which occupies 56.3% of the GDP of the entire coastal region, and 33.9% of the national GDP. The gross value of industrial output of the coastal cities and counties is 4447.481 billion yuan, accounting for 57.1% of that of the entire coastal region. The gross output value of agriculture is 477.453 billion yuan, occupying 40.5% of that of the entire coastal region.

The gross output value of marine aquatic products industry has reached 199.883 billion yuan, registering an increase of 5.1% as against that in the previous year. The output of marine aquatic products has reached 24.7192 million tons, 4.9% more than that in the previous year. The output of marine fishing has reached 14.9762 million tons, and thus the goal of zero-growth for resource conservation has basically been achieved. The area of mariculture has amounted to 1094 thousand hectares, 9.1% up from that in the previous year. The per unit area yield of mariculture has reached 9329 kg/hm^2 registering an increase of 766 kg/hm^2 as against that in the previous year and the total output of mariculture has reached 9.743 million tons, 13.3% up from that in the previous year.

The gross output value of the offshore oil and gas industry has reached 22.869 billion yuan up 17.6% as against that in the previous year, the production of crude oil is 18.9123 million tons, dropping 0.1% as against that in the previous year and the output of natural gas is 4.776 billion cubic metres, 13.9% more than that in the previous year.

The gross output value of beach placer industry is 89 million yuan, 48.3% up from that in the previous year (calculated by current price).

The national salt industry is still facing the situation that production exceeds marketing. For reasons of the climate, the evaporation in the coastal areas of North China is generally higher than that in the previous years in 1999, thus resulting in a considerable increase of sea salt production and too much salt kept in stock.

Therefore, the department concerned of the state continues to practise the policy of limiting the salt production and reducing the stock so as to mitigate the contradiction between production and marketing. In 1999, the output of sea salt is 20.514 million tons, 31.6% up from that in the previous year and the gross output value of salt industry is 8.270 billion yuan, 14.8% up from that in the previous year.

The industry of coastal shipbuilding and ship repairing has steadily grown. In 1999, the gross output value of industry has reached 24.903 billion yuan, registering an increase of 11.4% as compared with that in the previous year.

The situation in the industry of marine communications and transportation is gratifying. The freight turnover of marine transportation throughout the year is 1984.37 billion ton kilometres, 10.1% up from that in the previous year; the volume of cargo handled in the major coastal seaports has amounted to 1.05 billion tons, 14% up from that in the previous year. The operational income has reached 57.278 billion yuan, 8.2% up from that in the previous year (calculated at current prices).

The developing speed of coastal international tourism has somewhat picked up. Foreign exchange income is 6.268 billion US dollors (51.838 billon yuan RMB), registering an increase of 10.5% as against that in the previous year,and the total number of overseas tourists received for the whole year has amounted to 13.31 million person-times, 9.6% up from that in the previous year.

The output value of the major marine industries in the coastal provinces, autonomous regions, and municipalities directly under the Central Government is on the rise (see the table below).

Gross Output Value of Major Marine Industries by Coastal Regions

Unit: 100 million yuan

No.	Region	Gross Output Value of Major Marine Industries
1	Guangdong	896. 05
2	Shandong	734. 90
3	Shanghai	519. 14
4	Fujian	393. 15
5	Zhejiang	373. 24
6	Liaoning	277. 97
7	Jiangsu	142. 46
8	Tianjin	103. 54
9	Guangxi	99. 59
10	Hebei	56. 60
11	Hainan	54. 66

As the State has strenthened the effort of environmental pollution prevention and control and the coastal provinces (autonomous regions and municipalities directly under the Central Government) have paid more attention to the problem of environmental protection, and made great efforts to control the sewage discharged into the sea, the pollution of nearshore waters has been mitigated to some extent. In 1999, the total amount of industrial waste water discharged into the sea in the coastal regions is 814 million tons, 1.7% less than that in the previous year. But, in general, the prospects for the overall quality of marine environment are still not bright and so further efforts should be made to prevent and control marine environment pollution and protect the environment.

In 1999, China has 107 marine scientific research institutions, employing 17100 marine staff and workers, of which 12100 are professional and technical personnel, both having decreased as compared with those in the previous year. The number of research projects accomplished has amounted to 3372, 4.1% down from that in the previous year. And 205 prizes have been awarded for the achievements in scientific research.

目　次

CONTENTS

二、海洋水产

MARINE FISHERIES

三、海洋石油和天然气

OFFSHORE OIL AND NATURAL GAS

四、海滨砂矿

BEACH PLACER

五、海洋盐业

SEA SALT INDUSTRY

六、沿海造船

COASTAL SHIPBUILDING

七、海洋交通运输

MARITIME TRANSPORTATION

八、 滨海国际旅游

COASTAL INTERNATIONAL TOURISM

九、 海洋科技与教育

MARINE SCIENCE AND EDUCATION

十、 海洋环境保护

MARINE ENVIRONMENTAL PROTECTION

十一、海洋服务

MARINE SERVICE

十二、世界海洋经济

WORLD MARINE ECONOMICS

附录：主要指标解释

EXPLANATORY NOTES ON MAJOR STATISTICAL INDICATORS

一 综合资料

INTEGRATED DATA

1-1 沿海地区行政区划（1999年）
Administrative Division of Coastal Regions, 1999

单位：个 Unit: Number

地 区 Region	沿海城市 Coastal City	沿海县级市 Coastal County -Level City	沿海县（区） Coastal County (District)
合 计 Total	**52**	**64**	**77**
天 津 Tianjin	1		3
河 北 Hebei	3	2	6
辽 宁 Liaoning	6	7	4
上 海 Shanghai	1		6
江 苏 Jiangsu	3	5	9
浙 江 Zhejiang	6	11	12
福 建 Fujian	5	8	12
山 东 Shandong	7	14	6
广 东 Guangdong	14	10	13
广 西 Guangxi	3	1	1
海 南 Hainan	3	6	5

1-2 沿海市、县一览表（1999年）
Table of Coastal Cities and Counties, 1999

地 区 Region	沿海城市 Coastal City	沿海县级市 Coastal County -Level City	沿海县（区） Coastal County (District)
天 津 Tianjin			塘沽 Tanggu 汉沽 Hangu 大港 Dagang
河 北 Hebei	唐山 Tangshan 沧州 Cangzhou 秦皇岛 Qinhuangdao	黄骅 Huanghua 丰南 Fengnan	滦南 Luannan 乐亭 Leting 唐海 Tanghai 昌黎 Changli 抚宁 Funing 海兴 Haixing
辽 宁 Liaoning	大连 Dalian 丹东 Dandong 锦州 Jinzhou 营口 Yingkou 盘锦 Panjin 葫芦岛 Huludao	兴城 Xingcheng 盖州 Gaizhou 东港 Donggang 凌海 Linghai 庄河 Zhuanghe 普兰店 Pulandian 瓦房店 Wafangdian	长海 Changhai 大洼 Dawa 盘山 Panshan 绥中 Suizhong
上 海 Shanghai			宝山 Baoshan 奉贤 Fengxian 金山 Jinshan 南汇 Nanhui 崇明 Chongming 浦东新区 Pudong
江 苏 Jiangsu	南通 Nantong 盐城 Yancheng 连云港 Lianyungang	海门 Haimen 大丰 Dafeng 启东 Qidong 东台 Dongtai 通州 Tongzhou	海安 Haian 如东 Rudong 赣榆 Ganyu 灌云 Guanyun 响水 Xiangshui 滨海 Binhai 射阳 Sheyang 东海 Donghai 灌南 Guannan
浙 江 Zhejiang	杭州 Hangzhou 宁波 Ningbo 温州 Wenzhou 绍兴 Shaoxing 舟山 Zhoushan 台州 Taizhou	萧山 Xiaoshan 余姚 Yuyao 慈溪 Cixi 奉化 Fenghua 瑞安 Ruian 平湖 Pinghu 海宁 Haining 临海 Linhai 上虞 Shangyu 乐清 Yueqing 温岭 Wenling	象山 Xiangshan 宁海 Ninghai 鄞县 Yin 洞头 Dongtou 平阳 Pingyang 玉环 Yuhuan 苍南 Cangnan 海盐 Haiyan 绍兴 Shaoxing 岱山 Daishan 嵊泗 Shengsi 三门 Sanmen

续表 continued

地　区 Region	沿海城市 Coastal City	沿海县级市 Coastal County -Level City	沿海县（区） Coastal County (District)
福　建 Fujian	福州 Fuzhou 厦门 Xiamen 莆田 Putian 泉州 Quanzhou 漳州 Zhangzhou	福清 Fuqing　宁德 Ningde 福安 Fuan　晋江 Jinjiang 南安 Nanan　龙海 Longhai 长乐 Changle　石狮 Shishi	连江 Lianjiang　罗源 Luoyuan 平潭 Pingtan　霞浦 Xiapu 莆田 Putian　仙游 Xianyou 惠安 Huian　漳浦 Zhangpu 诏安 Zhaoan　东山 Dongshan 云霄 Yunxiao　福鼎 Fuding
山　东 Shandong	青岛 Qingdao 东营 Dongying 烟台 Yantai 潍坊 Weifang 威海 Weihai 日照 Rizhao 滨州Binzhou	胶州 Jiaozhou　即墨 Jimo 胶南 Jiaonan　龙口 Longkou 莱阳 Laiyang　莱州 Laizhou 文登 Wendeng　荣成 Rongcheng 招远 Zhaoyuan　寿光 Shouguang 蓬莱 Penglai　乳山 Rushan 昌邑 Changyi　海阳 Haiyang	垦利 Kenli 广饶 Guangrao 长岛 Changdao 利津 Lijin 无棣 Wudi 沾化 Zhanhua
广　东 Guangdong	广州 Guangzhou 深圳 Shenzhen 珠海 Zhuhai 汕头 Shantou 惠州 Huizhou 汕尾 Shanwei 东莞 Dongguan 中山 Zhongshan 江门 Jiangmen 阳江 yangjiang 湛江 Zhanjiang 茂名 Maoming 潮州 Chaozhou 揭阳 Jieyang	番禺 Panyu 台山 Taishan 廉江 Lianjiang 澄海 Chenghai 惠阳 Huiyang 新会 Xinhui 潮阳 Chaoyang 恩平 Enping 吴川 Wuchuan 雷州 Leizhou	斗门 Doumen 南澳 Nanao 遂溪 Suixi 电白 Dianbai 海丰 Haifeng 饶平 Raoping 惠来 Huilai 徐闻 Xuwen 惠东 Huidong 陆丰 Lufeng 阳东 Yangdong 阳西 Yangxi 揭东 Jiedong
广　西 Guangxi	北海 Beihai 钦州 Qinzhou 防城港 Fangchenggang	东兴 Dongxing	合浦 Hepu
海　南 Hainan	海口 Haikou 三亚 Sanya 洋浦 Yangpu	琼海 Qionghai　琼山 Qiongshan 儋州 Danzhou　万宁 Wanning 文昌 Wenchang 东方 Dongfang	澄迈 Chengmai　临高 Lingao 乐东 Ledong　陵水 Lingshui 昌江 Changjiang

1-3 沿海地区国内生产总值(1999年)

Gross Domestic Product of Coastal Regions, 1999

单位：亿元 Unit: 100 million yuan

地 区 Region	国内生产总值 GDP	第一产业 Primary Industry	第二产业 Secondary Industry	第三产业 Tertiary Industry
全国总计 National Total	**81 910.90**	**14 457.20**	**40 417.90**	**27 035.80**
沿海地区总计 Total of Coastal Province and City	**49 389.76**	**6 715.29**	**24 001.77**	**18 672.70**
沿海市、县合计 Total of Coastal City and County	**27 831.00**	**2 977.45**	**13 611.43**	**11 242.12**
沿海城市合计 Total of Coastal City	**18 060.16**	**1 003.01**	**8 912.95**	**8 144.20**
沿海县（区）合计 Total of Coastal County (District)	**9 770.84**	**1 974.44**	**4 698.48**	**3 097.92**
天 津 Tianjin	**1 450.06**	**71.01**	**711.93**	**667.12**
沿海区 Coastal District	426.58	4.08	280.06	142.44
河 北 Hebei	**4 569.19**	**805.97**	**2 243.59**	**1 519.63**
沿海城市 Coastal City	1 518.09	290.80	720.36	506.93
沿海县 Coastal County	341.17	104.00	139.42	97.75
辽 宁 Liaoning	**4 171.69**	**520.80**	**2 001.48**	**1 649.41**
沿海城市 Coastal City	1 235.29	60.63	624.57	550.09
沿海县 Coastal County	536.58	149.09	240.11	147.38
上 海 Shanghai	**4 034.96**	**80.00**	**1 953.98**	**2 000.98**
沿海县 (区) Coastal County（District）	652.35	46.77	320.39	285.19
江 苏 Jiangsu	**7 697.82**	**1 003.51**	**3 920.15**	**2 774.16**
沿海城市 Coastal City	289.01	13.70	155.15	120.16
沿海县 Coastal County	940.59	288.08	354.96	297.55

续表 continued

地　区 Region	国内生产总值 GDP	第一产业 Primary Industry	第二产业 Secondary Industry	第三产业 Tertiary Industry
浙　江 Zhejiang	**5 364.89**	**631.94**	**2 902.81**	**1 830.14**
沿海城市 Coastal City	1 647.98	73.49	833.86	740.63
沿海县 Coastal County	2 103.95	269.62	1 227.12	607.21
福　建 Fujian	**3 550.24**	**628.86**	**1 507.29**	**1 414.09**
沿海城市 Coastal City	1 255.17	55.75	634.13	565.29
沿海县 Coastal County	1 544.21	278.68	760.43	505.10
山　东 Shandong	**7 662.10**	**1 221.00**	**3 705.44**	**2 735.66**
沿海城市 Coastal City	1 576.11	119.49	895.27	561.35
沿海县 Coastal County	1 404.72	306.67	668.35	429.70
广　东 Guangdong	**8 464.31**	**1 021.30**	**4 264.32**	**3 178.69**
沿海城市 Coastal City	4 749.27	164.54	2 310.62	2 274.11
沿海县 Coastal County	1 479.76	363.65	624.64	491.47
广　西 Guangxi	**1 953.27**	**554.48**	**695.83**	**702.96**
沿海城市 Coastal City	158.09	59.33	36.30	62.46
沿海县 Coastal County	56.22	22.09	14.88	19.25
海　南 Hainan	**471.23**	**176.42**	**94.95**	**199.86**
沿海城市 Coastal City	146.13	14.27	36.78	95.08
沿海县 Coastal County	284.71	141.71	68.12	74.88

1-4 沿海地区工农业总产值和增加值(1999年)

Gross Output Value and Added Value of Industry and Agriculture of Coastal Regions,1999

单位：亿元 Unit: 100 million yuan

地 区 Region	工 业 Industry		农 业 Agriculture	
	总产值 Output Value	增加值 Added Value	总产值 Output Value	增加值 Added Value
沿海地区总计 Total of Coastal Province and City	**77 909.18**	**20 955.65**	**11 799.28**	**6 719.35**
沿海市、县合计 Total of Coastal City and County	**44 474.81**	**10 650.80**	**4 774.53**	**2 702.23**
沿海城市合计 Total of Coastal City	**25 689.23**	**6 818.44**	**1 345.57**	**727.79**
沿海县（区）合计 Total of Coastal County （District）	**18 785.58**	**3 832.36**	**3 428.96**	**1 974.44**
天 津 Tianjin	**2 751.37**	**640.21**	**150.11**	**71.01**
沿海区 Coastal District	752.61	158.67	8.99	4.08
河 北 Hebei	**2 994.58**	**1 950.21**	**1 539.77**	**805.97**
沿海城市 Coastal City	548.57*	223.42*	29.04*	15.58*
沿海县 Coastal County	458.80*	126.09	188.69	104.00
辽 宁 Liaoning	**7 328.66**	**1 795.71**	**977.05**	**520.80**
沿海城市 Coastal City	2 014.37	552.96	114.13	60.63
沿海县 Coastal County	1 006.82	222.70	256.99	149.09
上 海 Shanghai	**5 665.65**	**1 758.68**	**206.90**	**80.00**
沿海县（区） Coastal County （District）	2 446.29	645.65	122.95	46.77
江 苏 Jiangsu	**14 621.82**	**3 387.99**	**1 837.43**	**1 003.51**
沿海城市 Coastal City	505.17	131.79	28.02	13.70
沿海县 Coastal County	1 643.21	305.51	569.15	288.08

续表 continued

地 区 Region	工 业 Industry		农 业 Agriculture	
	总产值 Output Value	增加值 Added Value	总产值 Output Value	增加值 Added Value
浙 江 Zhejiang	**11 338.66***	**2 630.00**	**1 005.22**	**636.00**
沿海城市 Coastal City	2 616.64*	700.59	128.76	73.49
沿海县 Coastal County	4 790.30*	1 119.31	445.21	269.62
福 建 Fujian	**4 787.63**	**1 208.75***	**1 010.82**	**628.86**
沿海城市 Coastal City	1 740.78		92.25	55.75
沿海县 Coastal County	2 325.72		460.14	278.68
山 东 Shandong	**11 195.46**	**3 251.77**	**2 202.95**	**1 221.00**
沿海城市 Coastal City	2 400.74	823.00	215.01	119.49
沿海县 Coastal County	2 767.68	658.90	540.40	306.67
广 东 Guangdong	**15 303.33**	**3 705.88**	**1 745.02**	**1 021.30**
沿海城市 Coastal City	7 274.45	1 944.74	273.59	164.54
沿海县 Coastal County	2 418.88	560.51	616.08	363.65
广 西 Guangxi	**1 667.32**	**579.26**	**844.78**	**554.48**
沿海城市 Coastal City	90.91	26.83	96.94	59.33
沿海县 Coastal County	44.31	12.59	38.31	22.09
海 南 Hainan	**254.70**	**47.19***	**279.23**	**176.42**
沿海城市 Coastal City	80.58	16.22	19.82	14.27
沿海县 Coastal County	130.96	22.43	182.05	141.71

注：*为上年数据。

Note: *last year's data.

1-5 沿海城市国内生产总值

Gross Domestic Product of Coastal Cities

单位：亿元　Unit: 100 million yuan

城市 City	年份 Year	国内生产总值 GDP	第一产业 Primary Industry	第二产业 Secondary Industry	第三产业 Tertiary Industry
天津 Tianjin	1997	1 240.40	74.55	643.88	521.97
	1998	1 336.38	74.03	660.00	602.35
	1999	1 450.06	71.01	711.93	667.12
河北 Hebei	1997	414.66	14.49	238.98	161.19
	1998	454.83	15.58	264.18	175.07
	1999	1 518.09	290.80	720.36	506.93
唐山 Tangshan	1997	240.91	9.46	159.96	71.49
	1998	264.72	10.05	179.00	75.67
	1999	832.56	171.37	412.83	248.36
秦皇岛 Qinhuangdao	1997	122.97	3.80	49.70	69.47
	1998	131.19	4.25	52.47	74.47
	1999	263.00	41.83	97.22	123.95
沧州 Cangzhou	1997	50.78	1.23	29.32	20.23
	1998	58.92	1.28	32.71	24.93
	1999	422.53	77.60	210.31	134.62
辽宁 Liaoning	1997	1 084.52	63.45	559.46	461.61
	1998	1 157.75	60.22	583.19	514.34
	1999	1 235.29	60.63	624.57	550.09
大连 Dalian	1997	586.12	42.74	246.34	297.04
	1998	649.22	40.23	270.75	338.24
	1999	689.14	39.11	294.41	355.62
丹东 Dandong	1997	72.85	1.66	32.09	39.10
	1998	75.70	1.81	31.39	42.50
	1999	79.66	1.86	30.91	46.89
锦州 Jinzhou	1997	77.14	4.79	35.85	36.50
	1998	76.96	5.73	35.22	36.01
	1999	82.49	6.11	36.35	40.03
营口 Yingkou	1997	81.54	3.80	49.15	28.59
	1998	89.65	4.04	54.05	31.56
	1999	97.01	4.72	56.75	35.54
盘锦 Panjin	1997	174.82	2.06	144.82	27.94
	1998	174.89	2.38	139.40	33.11
	1999	196.07	2.18	155.54	38.35

注：1999年河北省沿海城市的数据均为全市资料。

Note: The data of coastal cities of Hebei Province in 1999 are that of the whole city.

续表1 continued

城市 City	年份 Year	国内生产总值 GDP	第一产业 Primary Industry	第二产业 Secondary Industry	第三产业 Tertiary Industry
葫芦岛 Huludao	1997	92.05	8.40	51.21	32.44
	1998	91.33	6.03	52.38	32.92
	1999	90.92	6.65	50.61	33.66
上海 Shanghai	**1997**	**3 360.21**	**75.80**	**1 754.39**	**1 530.02**
	1998	**3 688.20**	**78.50**	**1 847.20**	**1 762.50**
	1999	**4 034.96**	**80.00**	**1 953.98**	**2 000.98**
江苏 Jiangsu	**1997**	**248.74**	**12.82**	**142.10**	**93.82**
	1998	**263.44**	**13.10**	**144.03**	**106.31**
	1999	**289.01**	**13.70**	**155.15**	**120.16**
南通 Nantong	1997	118.47	2.39	72.30	43.78
	1998	123.98	2.24	68.26	53.48
	1999	134.81	2.33	73.09	59.39
连云港 Lianyungang	1997	81.16	6.10	45.18	29.88
	1998	85.96	6.45	48.03	31.48
	1999	95.35	6.78	54.17	34.40
盐城 Yancheng	1997	49.11	4.33	24.62	20.16
	1998	53.50	4.41	27.74	21.35
	1999	58.85	4.59	27.89	26.37
浙江 Zhejiang	**1997**	**1 490.39**	**82.96**	**777.61**	**630.36**
	1998	**1 519.62**	**71.94**	**773.39**	**674.29**
	1999	**1 647.98**	**73.49**	**833.86**	**740.63**
杭州 Hangzhou	1997	523.88	13.01	253.80	257.07
	1998	568.74	13.43	267.87	287.44
	1999	604.93	14.52	280.02	310.39
宁波 Ningbo	1997	329.79	12.80	157.71	159.28
	1998	352.58	12.18	166.37	174.03
	1999	379.77	12.48	181.01	186.28
温州 Wenzhou	1997	232.04	5.75	141.70	84.59
	1998	261.33	5.99	159.79	95.55
	1999	290.80	5.73	171.66	113.41
绍兴 Shaoxing	1997	69.94	2.71	36.11	31.12
	1998	70.68	2.75	32.88	35.05
	1999	76.21	2.77	34.51	38.93

注：浙江省1997年数据中含嘉兴市资料(下表同)。

Note: The data of Zhejiang of 1997 include the data of Jiaxing（same as below）.

续表2 continued

城市 City	年份 Year	国内生产总值 GDP	第一产业 Primary Industry	第二产业 Secondary Industry	第三产业 Tertiary Industry
舟山 Zhoushan	1997	61.21	16.49	21.84	22.88
	1998	63.62	17.24	21.36	25.02
	1999	69.11	17.37	24.93	26.81
台州 Taizhou	1997	181.51	18.80	112.96	49.75
	1998	202.67	20.35	125.12	57.20
	1999	227.16	20.62	141.73	64.81
福建 Fujian	**1997**	**1 008.26**	**52.14**	**471.60**	**484.52**
	1998	**1 154.51**	**55.77**	**563.90**	**534.84**
	1999	**1 255.17**	**55.75**	**634.13**	**565.29**
福州 Fuzhou	1997	363.10	8.59	152.02	202.49
	1998	422.02	9.61	187.27	225.14
	1999	447.48	9.99	209.69	227.80
厦门 Xiamen	1997	370.30	21.01	192.03	157.26
	1998	418.06	21.74	217.65	178.67
	1999	458.29	21.00	246.02	191.27
莆田 Putian	1997	58.23	9.72	28.86	19.65
	1998	66.41	10.13	33.48	22.80
	1999	73.52	10.48	37.05	25.99
泉州 Quanzhou	1997	147.72	8.25	77.55	61.92
	1998	168.27	9.21	87.74	71.32
	1999	186.11	9.55	98.19	78.37
漳州 Zhangzhou	1997	68.91	4.57	34.06	30.28
	1998	79.75	5.08	37.76	36.91
	1999	89.77	4.73	43.18	41.86
山东 Shandong	**1997**	**1 382.48**	**120.59**	**795.15**	**466.74**
	1998	**1 419.20**	**123.22**	**808.13**	**487.85**
	1999	**1 576.11**	**119.49**	**895.27**	**561.35**
青岛 Qingdao	1997	450.42	18.54	234.13	197.75
	1998	458.10	20.54	229.72	207.84
	1999	546.86	20.55	280.13	246.18
东营 Dongying	1997	225.29	8.13	197.86	19.30
	1998	220.43	5.00	194.33	21.10
	1999	255.49	7.38	221.14	26.97
烟台 Yantai	1997	234.43	16.59	130.34	87.50
	1998	230.60	17.01	131.39	82.20
	1999	255.00	15.62	145.87	93.51

续表3 continued

城市 City	年份 Year	国内生产总值 GDP	第一产业 Primary Industry	第二产业 Secondary Industry	第三产业 Tertiary Industry
潍坊 Weifang	1997	197.27	13.54	116.50	67.23
	1998	205.00	14.00	120.00	71.00
	1999	205.00	14.00	118.00	73.00
威海 Weihai	1997	118.07	16.79	60.32	40.96
	1998	130.05	17.62	67.74	44.69
	1999	128.14	13.08	60.52	54.54
日照 Rizhao	1997	157.00	47.00	56.00	54.00
	1998	175.02	49.05	64.95	61.02
	1999	185.62	48.86	69.61	67.15
广东 Guangdong	**1997**	**3 802.97**	**158.86**	**1 833.20**	**1 810.91**
	1998	**4 283.58**	**163.18**	**2 052.33**	**2 068.07**
	1999	**4 749.27**	**164.54**	**2 310.62**	**2 274.11**
广州 Guangzhou	1997	1 161.61	26.05	495.10	640.46
	1998	1 298.30	27.06	515.34	755.90
	1999	1 451.13	27.06	590.24	833.83
深圳 Shenzhen	1997	1 130.01	15.80	556.63	557.58
	1998	1 289.01	16.45	644.58	627.98
	1999	1 436.51	16.48	725.72	694.31
珠海 Zhuhai	1997	200.99	4.37	108.10	88.52
	1998	222.89	3.31	119.06	100.52
	1999	244.84	3.38	134.47	106.99
汕头 Shantou	1997	197.75	5.62	89.92	102.21
	1998	214.92	6.00	96.73	112.19
	1999	219.36	5.84	96.67	116.85
江门 Jiangmen	1997	119.84	2.38	55.76	61.70
	1998	123.99	2.20	61.34	60.45
	1999	134.29	2.30	67.22	64.77
湛江 Zhanjiang	1997	144.35	16.28	69.26	58.81
	1998	159.37	16.37	81.01	61.99
	1999	177.72	16.57	94.92	66.23
茂名 Maoming	1997	86.14	7.74	48.29	30.11
	1998	83.78	7.95	44.13	31.70
	1999	85.01	7.36	43.36	34.29
惠州 Huizhou	1997	88.81	1.86	64.97	21.98
	1998	103.04	1.95	76.60	24.49
	1999	113.77	2.03	85.81	25.93

续表4 continued

城市 City	年份 Year	国内生产总值 GDP	第一产业 Primary Industry	第二产业 Secondary Industry	第三产业 Tertiary Industry
阳江 Yangjiang	1997	48.51	12.76	18.86	16.89
	1998	57.13	13.74	23.62	19.77
	1999	62.08	14.15	25.68	22.25
东莞 Dongguan	1997	294.70	30.00	155.86	108.84
	1998	355.51	30.61	191.30	133.60
	1999	412.78	30.68	227.22	154.88
中山 Zhongshan	1997	220.95	23.05	112.78	85.12
	1998	249.03	23.59	130.21	95.23
	1999	272.68	24.26	143.42	105.00
汕尾 Shanwei	1997	19.32	7.17	4.39	7.76
	1998	22.14	7.72	6.04	8.38
	1999	24.63	7.96	6.81	9.86
潮州 Chaozhou	1997	38.74	1.17	21.57	16.00
	1998	42.15	1.13	22.39	18.63
	1999	44.78	1.10	24.18	19.50
揭阳 Jieyang	1997	51.22	4.61	31.68	14.93
	1998	62.32	5.10	39.98	17.24
	1999	69.69	5.37	44.90	19.42
广西 Guangxi	**1997**	**142.41**	**53.45**	**37.27**	**51.69**
	1998	**182.89**	**62.74**	**47.83**	**72.32**
	1999	**158.09**	**59.33**	**36.30**	**62.46**
北海 Beihai	1997	61.29	14.46	18.99	27.84
	1998	60.48	11.01	18.25	31.22
	1999	62.57	15.92	16.75	29.90
防城港 Fangchenggang	1997	30.38	12.03	8.08	10.27
	1998	41.55	16.75	12.08	12.72
	1999	35.68	11.95	9.69	14.04
钦州 Qinzhou	1997	50.74	26.96	10.20	13.58
	1998	80.86	34.98	17.50	28.38
	1999	59.84	31.46	9.86	18.52
海南 Hainan	**1997**	**128.30**	**11.73**	**33.52**	**83.05**
	1998	**136.22**	**13.41**	**34.00**	**88.81**
	1999	**146.13**	**14.27**	**36.78**	**95.08**
海口 Haikou	1997	104.58	2.73	26.53	75.32
	1998	110.27	2.89	27.24	80.14
	1999	118.46	2.91	30.26	85.29
三亚 Sanya	1997	22.11	8.33	6.19	7.59
	1998	23.99	9.71	5.89	8.39
	1999	25.61	10.51	5.65	9.45
洋浦 Yangpu	1997	1.61	0.67	0.80	0.14
	1998	1.96	0.81	0.87	0.28
	1999	2.06	0.85	0.87	0.34

1-6 沿海县（市、区）国内生产总值

Gross Domestic Product of Coastal Counties

单位：亿元　Unit: 100 million yuan

沿海县（市、区） Coastal County	年　份 Year	国内生产总值 GDP	第一产业 Primary Industry	第二产业 Secondary Industry	第三产业 Tertiary Industry
天　津 Tianjin	**1997**	**351.15**	**4.33**	**236.01**	**110.81**
	1998	**380.31**	**4.57**	**245.54**	**130.20**
	1999	**426.58**	**4.08**	**280.06**	**142.44**
塘　沽 Tanggu	1997	254.42	1.28	162.29	90.85
	1998	281.38	1.30	174.05	106.03
	1999	322.88	1.28	202.48	119.12
汉　沽 Hangu	1997	19.27	1.90	11.28	6.09
	1998	19.18	2.13	10.90	6.15
	1999	18.74	2.18	9.82	6.74
大　港 Dagang	1997	77.46	1.15	62.44	13.87
	1998	79.75	1.14	60.59	18.02
	1999	84.96	0.62	67.76	16.58
河　北 Hebei	**1997**	**301.96**	**98.07**	**120.92**	**82.97**
	1998	**332.75**	**104.64**	**135.13**	**92.98**
	1999	**341.17**	**104.00**	**139.42**	**97.75**
丰　南 Fengnan	1997	66.91	20.85	26.77	19.29
	1998	75.11	22.09	30.70	22.32
	1999	83.08	23.50	34.82	24.76
滦　南 Luannan	1997	51.40	17.16	20.60	13.64
	1998	56.55	18.47	23.62	14.46
	1999	61.05	18.85	26.12	16.08
乐　亭 Leting	1997	46.42	23.30	10.24	12.88
	1998	50.79	24.96	11.16	14.67
	1999	55.58	26.40	13.19	15.99
唐　海 Tanghai	1997	20.35	6.40	9.08	4.87
	1998	22.15	6.89	9.72	5.54
	1999	23.46	7.18	10.20	6.08
昌　黎 Changli	1997	31.01	13.14	9.54	8.33
	1998	34.51	14.03	11.15	9.33
	1999	33.01	13.73	9.20	10.08
抚　宁 Funing	1997	30.15	8.90	13.62	7.63
	1998	32.58	8.98	15.31	8.29
	1999	32.67	8.69	15.03	8.95
海　兴 Haixing	1997	6.68	1.69	3.14	1.85
	1998	7.17	1.76	3.50	1.91
	1999	7.35	1.61	3.67	2.07

注：塘沽区数据包括天津经济开发区和保税区的资料(表1-8同)。

Note: Data of Tanggu District include the data of Tianjin Economic and Technological Zone(TEDA) and Tianjin Port Free Trade Zone(same as Table 1-8).

续表1 continued

沿海县（市、区） Coastal County	年 份 Year	国内生产总值 GDP	第一产业 Primary Industry	第二产业 Secondary Industry	第三产业 Tertiary Industry
黄 骅 Huanghua	1997	49.04	6.63	27.93	14.48
	1998	53.89	7.46	29.97	16.46
	1999	44.97	4.04	27.19	13.74
辽 宁 Liaoning	**1997**	**442.60**	**136.54**	**197.34**	**108.72**
	1998	**497.11**	**149.88**	**217.23**	**130.00**
	1999	**536.58**	**149.09**	**240.11**	**147.38**
长 海 Changhai	1997	6.51	3.38	0.86	2.27
	1998	7.53	4.43	0.70	2.40
	1999	8.73	5.47	0.69	2.57
瓦房店 Wafangdian	1997	96.32	16.88	57.15	22.29
	1998	108.44	20.48	62.49	25.47
	1999	109.46	18.53	66.40	24.53
普兰店 Pulandian	1997	86.90	17.14	53.35	16.41
	1998	100.06	18.71	59.35	22.00
	1999	114.60	19.83	63.89	30.88
庄 河 Zhuanghe	1997	53.15	14.87	23.31	14.97
	1998	61.02	17.67	26.84	16.51
	1999	70.31	20.25	31.49	18.57
东 港 Donggang	1997	51.18	15.90	19.84	15.44
	1998	58.67	17.29	22.23	19.15
	1999	65.86	17.73	25.56	22.57
凌 海 Linghai	1997	25.49	12.39	6.89	6.21
	1998	25.31	11.42	7.40	6.49
	1999	26.85	10.58	8.57	7.70
盖 州 Gaizhou	1997	29.06	11.02	11.72	6.32
	1998	34.31	12.18	12.85	9.28
	1999	35.69	12.19	13.34	10.16
大 洼 Dawa	1997	24.99	14.39	5.05	5.55
	1998	27.34	15.80	5.60	5.94
	1999	26.28	15.69	5.29	5.30
盘 山 Panshan	1997	26.15	14.62	6.53	5.00
	1998	25.90	15.07	6.28	4.55
	1999	27.04	14.46	7.49	5.09
绥 中 Suizhong	1997	19.07	10.69	2.87	5.51
	1998	21.46	10.24	2.84	8.38
	1999	23.25	8.83	5.61	8.81
兴 城 Xingcheng	1997	23.78	5.26	9.77	8.75
	1998	27.07	6.59	10.65	9.83
	1999	28.51	5.53	11.78	11.20
上 海 Shanghai	**1997**	**511.26**	**44.56**	**268.20**	**198.50**
	1998	**589.23**	**44.90**	**306.35**	**237.98**
	1999	**652.35**	**46.77**	**320.39**	**285.19**

续表2 continued

沿海县（市、区） Coastal County	年 份 Year	国内生产总值 GDP	第一产业 Primary Industry	第二产业 Secondary Industry	第三产业 Tertiary Industry
浦东新区 Pudong	1997	182.23	4.88	99.38	77.97
	1998	220.20	5.25	120.15	94.80
	1999	250.61	5.47	120.09	125.05
宝山区 Baoshan	1997	80.44	3.00	39.08	38.36
	1998	93.49	3.00	45.58	44.91
	1999	103.89	3.05	49.73	51.11
南汇区 Nanhui	1997	82.20	10.00	46.10	26.10
	1998	91.84	10.83	50.17	30.84
	1999	104.32	11.42	56.51	36.39
奉贤区 Fengxian	1997	67.10	7.05	39.90	20.15
	1998	76.20	7.59	44.84	23.77
	1999	78.32	7.60	44.73	25.99
金山区 Jinshan	1997	55.91	8.15	26.76	21.00
	1998	60.37	6.30	27.85	26.22
	1999	64.80	6.42	30.74	27.64
崇明区 Chongming	1997	43.38	11.48	16.98	14.92
	1998	47.13	11.93	17.76	17.44
	1999	50.41	12.81	18.59	19.01
江 苏 Jiangsu	**1997**	**796.36**	**273.44**	**285.35**	**237.57**
	1998	**877.61**	**282.17**	**323.68**	**271.76**
	1999	**940.59**	**288.08**	**354.96**	**297.55**
海 安 Haian	1997	55.10	17.85	17.45	19.80
	1998	59.38	17.90	20.21	21.27
	1999	63.02	18.24	22.42	22.36
如 东 Rudong	1997	64.48	25.29	20.40	18.79
	1998	68.50	25.66	22.06	20.78
	1999	71.63	25.84	23.77	22.02
海 门 Haimen	1997	89.40	15.63	41.04	32.73
	1998	98.85	16.24	45.71	36.90
	1999	107.43	16.60	50.62	40.21
启 东 Qidong	1997	93.42	24.68	38.68	32.73
	1998	102.01	25.45	41.56	35.00
	1999	109.88	26.45	44.42	39.01
通 州 Tongzhou	1997	101.53	20.28	47.66	33.59
	1998	111.70	20.64	52.06	39.00
	1999	121.64	21.44	56.99	43.21
赣 榆 Ganyu	1997	50.70	20.58	17.94	12.18
	1998	56.98	21.33	21.87	13.78
	1999	60.53	20.81	24.66	15.06
灌 云 Guanyun	1997	42.15	19.17	9.09	13.89
	1998	48.50	19.28	12.95	16.27
	1999	51.60	20.24	13.94	17.42

续表3 continued

沿海县（市、区）Coastal County	年份 Year	国内生产总值 GDP	第一产业 Primary Industry	第二产业 Secondary Industry	第三产业 Tertiary Industry
响水 Xiangshui	1997	17.88	8.69	3.97	5.22
	1998	20.16	9.25	4.69	6.22
	1999	22.03	10.05	5.24	6.74
滨海 Binhai	1997	33.09	15.61	8.79	8.69
	1998	36.60	16.08	10.12	10.40
	1999	39.45	16.80	11.28	11.37
射阳 Sheyang	1997	56.93	23.72	20.19	13.02
	1998	62.33	24.00	23.11	15.22
	1999	63.03	22.29	24.14	16.60
大丰 Dafeng	1997	59.04	22.23	20.82	15.99
	1998	63.57	23.39	23.01	17.17
	1999	70.02	23.95	25.76	20.31
东台 Dongtai	1997	68.11	28.08	21.41	18.62
	1998	74.81	29.60	24.50	20.71
	1999	82.11	31.20	27.10	23.81
东海 Donghai	1997	46.03	21.50	13.80	10.73
	1998	52.13	22.31	16.60	13.22
	1999	55.13	22.45	18.55	14.13
灌南 Guannan	1997	18.50	10.13	4.11	4.26
	1998	21.09	11.04	5.23	4.82
	1999	23.09	11.72	6.07	5.30
浙江 Zhejiang	**1997**	**1 766.09**	**257.52**	**1 025.73**	**482.84**
	1998	**1 934.40**	**267.47**	**1 124.84**	**542.09**
	1999	**2 103.95**	**269.62**	**1 227.12**	**607.21**
余姚 Yuyao	1997	113.81	16.71	66.40	30.70
	1998	122.44	17.44	71.12	33.88
	1999	135.40	18.00	79.00	38.40
萧山 Xiaoshan	1997	155.48	16.96	88.18	50.34
	1998	173.73	18.18	98.95	56.60
	1999	193.40	18.95	110.24	64.21
象山 Xiangshan	1997	56.46	14.45	28.23	13.78
	1998	62.36	16.03	31.30	15.03
	1999	69.10	16.70	35.64	16.76
宁海 Ninghai	1997	46.46	8.04	29.52	8.90
	1998	51.37	9.23	31.82	10.32
	1999	57.30	10.20	35.30	11.80
鄞县 Yin	1997	114.61	12.40	75.18	27.03
	1998	122.50	11.79	81.65	29.06
	1999	135.56	12.01	92.85	30.70
慈溪 Cixi	1997	120.49	13.06	75.94	31.49
	1998	129.14	14.01	78.16	36.97
	1999	143.26	14.16	86.85	42.25

续表4 continued

沿海县（市、区） Coastal County	年 份 Year	国内生产总值 GDP	第一产业 Primary Industry	第二产业 Secondary Industry	第三产业 Tertiary Industry
奉 化 Fenghua	1997	43.44	7.79	23.60	12.05
	1998	46.53	8.13	24.73	13.67
	1999	50.61	8.25	27.27	15.09
洞 头 Dongtou	1997	7.12	2.40	2.70	2.02
	1998	7.60	2.73	2.48	2.39
	1999	8.44	2.87	2.67	2.90
平 阳 Pingyang	1997	50.63	5.86	29.63	15.14
	1998	56.48	5.92	33.43	17.13
	1999	61.41	5.72	35.47	20.22
苍 南 Cangnan	1997	54.54	7.91	28.38	18.25
	1998	61.25	8.72	32.45	20.08
	1999	68.87	9.21	36.37	23.29
瑞 安 Ruian	1997	122.81	8.89	78.85	33.20
	1998	135.85	9.52	84.75	41.58
	1999	139.55	9.87	84.99	44.69
乐 清 Yueqing	1997	110.00	11.79	65.01	33.20
	1998	123.20	11.65	73.55	38.00
	1999	131.80	10.70	78.40	42.70
海 盐 Haiyan	1997	48.31	7.84	30.78	9.69
	1998	52.05	7.67	33.25	11.13
	1999	49.85	7.08	30.75	12.02
海 宁 Haining	1997	87.67	11.96	52.76	22.95
	1998	94.12	10.82	57.83	25.47
	1999	100.57	10.05	62.18	28.34
平 湖 Pinghu	1997	56.20	9.64	32.80	13.76
	1998	57.54	8.91	33.47	15.16
	1999	63.95	7.95	39.10	16.90
绍 兴 Shaoxing	1997	173.81	14.41	111.14	48.26
	1998	188.51	14.87	121.32	52.32
	1999	202.86	14.88	131.05	56.93
上 虞 Shangyu	1997	120.00	16.34	77.20	26.46
	1998	134.56	17.02	88.69	28.85
	1999	141.17	16.50	91.82	32.85
岱 山 Daishan	1997	16.88	8.23	3.62	5.03
	1998	17.99	8.60	4.09	5.30
	1999	19.29	8.95	4.35	5.99
嵊 泗 Shengsi	1997	11.07	4.95	1.89	4.23
	1998	11.95	4.89	2.06	5.00
	1999	12.96	4.87	2.68	5.41
临 海 Linhai	1997	57.44	12.43	27.43	17.58
	1998	63.11	12.71	31.19	19.21
	1999	70.46	13.21	35.56	21.69

续表5 continued

沿海县（市、区）Coastal County	年份 Year	国内生产总值 GDP	第一产业 Primary Industry	第二产业 Secondary Industry	第三产业 Tertiary Industry
温岭 Wenling	1997	130.50	26.17	64.44	39.89
	1998	144.33	26.53	72.60	45.20
	1999	159.56	26.63	81.58	51.35
三门 Sanmen	1997	14.25	4.86	5.13	4.26
	1998	17.56	7.11	5.79	4.66
	1999	19.72	7.46	7.02	5.24
玉环 Yuhaun	1997	54.29	14.61	26.92	12.76
	1998	60.23	14.99	30.16	15.08
	1999	68.86	15.40	35.98	17.48
福建 Fujian	**1997**	**1 221.42**	**249.28**	**574.43**	**397.71**
	1998	**1 393.70**	**266.85**	**674.57**	**452.28**
	1999	**1 544.21**	**278.68**	**760.43**	**505.10**
连江 Lianjiang	1997	52.50	22.18	12.09	18.23
	1998	59.16	23.38	15.21	20.57
	1999	66.16	25.38	17.97	22.81
罗源 Luoyuan	1997	22.61	8.63	10.00	3.98
	1998	25.41	8.75	11.76	4.90
	1999	28.67	9.17	13.87	5.63
长乐 Changle	1997	63.61	14.05	31.39	18.17
	1998	71.17	14.62	36.46	20.09
	1999	78.12	15.24	41.33	21.55
平潭 Pingtan	1997	23.17	10.84	3.18	9.15
	1998	26.02	11.62	3.50	10.90
	1999	30.01	13.62	3.98	12.41
福清 Fuqing	1997	143.00	28.35	77.53	37.12
	1998	160.02	29.95	88.11	41.96
	1999	179.85	30.59	102.86	46.40
莆田 Putian	1997	49.82	15.52	21.95	12.35
	1998	56.92	16.61	26.13	14.18
	1999	61.94	17.01	29.53	15.40
仙游 Xianyou	1997	32.04	8.42	12.06	11.56
	1998	35.96	8.77	14.55	12.64
	1999	40.58	8.96	17.65	13.97
惠安 Huian	1997	70.77	13.91	38.25	18.61
	1998	85.29	15.21	46.85	23.23
	1999	102.98	15.74	57.51	29.73
晋江 Jinjiang	1997	219.47	11.93	112.49	95.05
	1998	252.94	12.08	137.11	103.75
	1999	274.25	11.17	150.00	113.08
南安 Nanan	1997	136.70	14.86	73.76	48.08
	1998	155.60	15.14	84.98	55.48
	1999	167.70	15.41	92.35	59.94

续表6 continued

沿海县（市、区） Coastal County	年 份 Year	国内生产总值 GDP	第一产业 Primary Industry	第二产业 Secondary Industry	第三产业 Tertiary Industry
云 霄 Yunxiao	1997	31.01	7.08	15.17	8.76
	1998	33.87	7.66	16.63	9.58
	1999	38.97	8.85	19.03	11.09
漳 浦 Zhangpu	1997	58.04	12.95	29.74	15.35
	1998	69.19	14.85	36.03	18.31
	1999	78.47	15.46	41.39	21.62
诏 安 Zhaoan	1997	30.25	12.82	10.30	7.13
	1998	35.40	14.49	12.66	8.25
	1999	39.60	15.35	14.82	9.43
东 山 Dongshan	1997	25.30	7.57	10.57	7.16
	1998	30.51	9.13	13.07	8.31
	1999	33.38	9.48	14.62	9.28
龙 海 Longhai	1997	73.26	16.38	39.19	17.69
	1998	85.25	17.73	46.38	21.14
	1999	95.60	18.49	51.50	25.61
宁 德 Ningde	1997	28.07	8.52	6.62	12.93
	1998	31.86	8.83	7.94	15.09
	1999	34.50	9.05	8.97	16.48
福 安 Fuan	1997	34.69	10.35	14.40	9.94
	1998	37.60	10.91	15.55	11.14
	1999	40.77	11.20	17.45	12.12
石 狮 Shishi	1997	72.50	3.66	40.06	28.78
	1998	79.75	4.00	43.66	32.09
	1999	87.69	4.61	46.67	36.41
福 鼎 Fuding	1997	28.26	9.09	9.71	9.46
	1998	32.11	9.98	11.28	10.85
	1999	34.48	10.52	12.51	11.45
霞 浦 Xiapu	1997	26.35	12.17	5.97	8.21
	1998	29.67	13.14	6.71	9.82
	1999	30.49	13.38	6.42	10.69
山 东 Shandong	**1997**	**1 260.57**	**308.49**	**588.64**	**363.44**
	1998	**1 379.39**	**343.75**	**649.87**	**385.77**
	1999	**1 404.72**	**306.67**	**668.35**	**429.70**
胶 州 Jiaozhou	1997	77.53	15.20	39.13	23.20
	1998	91.66	18.50	45.67	27.49
	1999	84.03	18.14	38.83	27.06
即 墨 Jimo	1997	68.89	16.49	30.97	21.43
	1998	86.89	22.63	38.15	26.11
	1999	92.68	22.17	39.50	31.01
胶 南 Jiaon'an	1997	68.02	20.21	28.02	19.79
	1998	85.71	23.70	35.70	26.31
	1999	90.85	23.23	42.11	25.51

续表7 continued

沿海县（市、区） Coastal County	年 份 Year	国内生产总值 GDP	第一产业 Primary Industry	第二产业 Secondary Industry	第三产业 Tertiary Industry
垦 利 Kenli	1997	14.90	4.85	7.44	2.61
	1998	17.43	5.50	8.69	3.24
	1999	15.60	4.49	7.48	3.63
利 津 Lijin	1997	20.99	7.97	10.01	3.01
	1998	25.16	9.20	12.13	3.83
	1999	19.11	6.96	7.46	4.69
广 饶 Guangrao	1997	39.00	10.85	17.36	10.79
	1998	46.91	11.16	22.97	12.78
	1999	40.64	10.51	16.70	13.43
海 阳 Haiyang	1997	39.75	14.18	16.87	8.70
	1998	39.08	16.86	14.14	8.08
	1999	40.74	15.36	16.35	9.03
长 岛 Changdao	1997	13.31	8.57	1.32	3.42
	1998	10.11	5.70	0.88	3.53
	1999	9.27	5.07	0.60	3.60
龙 口 Longkou	1997	93.06	15.33	48.93	28.80
	1998	100.36	16.61	53.64	30.11
	1999	111.52	16.52	60.89	34.11
莱 阳 Laiyang	1997	58.08	10.70	26.50	20.88
	1998	60.16	15.78	26.32	18.06
	1999	64.33	14.78	29.18	20.37
莱 州 Laizhou	1997	101.13	20.48	50.53	30.12
	1998	101.99	21.37	48.79	31.83
	1999	112.02	21.38	54.77	35.87
蓬 莱 Penglai	1997	58.20	12.90	26.00	19.30
	1998	58.59	14.85	25.05	18.69
	1999	65.01	15.29	28.51	21.21
招 远 Zhaoyuan	1997	69.67	8.25	42.53	18.89
	1998	71.45	7.81	42.25	21.39
	1999	78.13	7.41	46.31	24.41
昌 邑 Changyi	1997	53.50	13.50	22.44	17.56
	1998	41.87	14.33	25.50	2.04
	1999	68.20	15.40	29.10	23.70
寿 光 Shouguang	1997	87.95	27.54	34.06	26.35
	1998	98.10	29.70	37.54	30.86
	1999	91.00	25.70	36.80	28.50
文 登 Wendeng	1997	140.32	27.54	76.08	36.70
	1998	152.69	26.60	85.59	40.50
	1999	142.00	20.63	83.21	38.16
荣 成 Rongcheng	1997	143.90	43.10	63.80	37.00
	1998	166.90	46.77	77.33	42.80
	1999	154.66	34.10	74.95	45.61

续表8　continued

沿海县（市、区）Coastal County	年　份 Year	国内生产总值 GDP	第一产业 Primary Industry	第二产业 Secondary Industry	第三产业 Tertiary Industry
乳　山 Rushan	1997	75.30	20.69	30.10	24.51
	1998	81.06	22.03	32.52	26.51
	1999	76.00	15.20	33.50	27.30
无　棣 Wudi	1997	22.27	5.04	11.85	5.38
	1998	25.03	7.59	11.56	5.88
	1999	28.55	7.33	14.49	6.73
沾　化 Zhanhua	1997	14.80	5.10	4.70	5.00
	1998	18.24	7.06	5.45	5.73
	1999	20.38	7.00	7.61	5.77
广　东 Guangdong	**1997**	**1 367.93**	**351.02**	**575.74**	**441.17**
	1998	**1 375.62**	**351.39**	**580.78**	**443.45**
	1999	**1 479.76**	**363.65**	**624.64**	**491.47**
番　禺 Panyu	1997	216.15	20.63	116.48	79.04
	1998	244.51	22.42	131.62	90.47
	1999	278.18	23.12	145.14	109.92
斗　门 Doumen	1997	34.20	7.88	14.26	12.06
	1998	40.61	9.23	18.73	12.65
	1999	41.77	9.67	19.18	12.92
澄　海 Chenghai	1997	50.19	12.00	22.60	15.59
	1998	62.20	13.01	29.30	19.89
	1999	70.00	13.51	34.23	22.26
南　澳 Nanao	1997	4.21	1.62	1.26	1.33
	1998	4.61	1.71	1.39	1.51
	1999	5.01	1.80	1.51	1.70
恩　平 Enping	1997	39.10	8.63	15.70	14.77
	1998	39.11	7.61	15.76	15.74
	1999	39.70	8.40	14.28	17.02
台　山 Taishan	1997	84.95	18.09	37.56	29.30
	1998	90.64	18.67	39.25	32.72
	1999	97.96	18.71	43.48	35.77
新　会 Xinhui	1997	85.51	15.28	39.15	31.08
	1998	92.18	16.38	40.83	34.97
	1999	100.12	17.04	45.72	37.36
吴　川 Wuchuan	1997	32.38	6.85	14.92	10.61
	1998	35.82	8.32	15.89	11.61
	1999	32.96	8.73	13.35	10.88
遂　溪 Suixi	1997	44.37	19.70	12.51	12.16
	1998	42.25	18.11	12.29	11.85
	1999	42.04	17.95	12.05	12.04
徐　闻 Xuwen	1997	25.27	14.36	3.74	7.17
	1998	26.42	14.37	4.49	7.56
	1999	26.43	14.65	4.10	7.68

续表9 continued

沿海县（市、区）Coastal County	年 份 Year	国内生产总值 GDP			
			第一产业 Primary Industry	第二产业 Secondary Industry	第三产业 Tertiary Industry
廉 江 Lianjiang	1997	50.05	19.74	12.95	17.36
	1998	53.06	20.99	13.56	18.51
	1999	56.83	22.61	14.12	20.10
电 白 Dianbai	1997	94.45	24.94	40.50	29.01
	1998	102.65	30.85	40.70	31.10
	1999	103.67	32.09	38.95	32.63
惠 阳 Huiyang	1997	88.98	14.79	45.58	28.61
	1998	95.69	15.76	47.46	32.47
	1999	105.13	16.14	51.71	37.28
惠 东 Huidong	1997	64.10	18.56	27.24	18.30
	1998	72.14	18.43	33.12	20.59
	1999	80.33	19.66	38.07	22.60
海 丰 Haifeng	1997	45.14	12.72	13.58	18.84
	1998	51.91	14.60	15.70	21.61
	1999	58.97	16.33	18.34	24.30
陆 丰 Lufeng	1997	30.86	12.02	10.74	8.10
	1998	34.52	13.08	12.55	8.89
	1999	38.43	14.28	14.40	9.75
饶 平 Raoping	1997	47.53	16.34	15.79	15.40
	1998	53.25	17.73	18.53	16.99
	1999	59.66	18.80	22.48	18.38
阳 东 Yangdong	1997	23.48	12.85	4.56	6.07
	1998	26.23	13.78	5.94	6.51
	1999	28.79	14.19	7.47	7.13
阳 西 Yangxi	1997	18.69	10.13	3.72	4.84
	1998	20.82	10.97	4.41	5.44
	1999	22.80	11.94	4.98	5.88
揭 东 Jiedong	1997	80.01	17.48	45.24	17.29
	1998	91.93	19.16	52.73	20.04
	1999	95.07	19.78	53.00	22.29
惠 来 Huilai	1997	37.99	17.67	13.93	6.39
	1998	42.63	19.39	16.37	6.87
	1999	46.01	20.13	18.33	7.55
雷 州 Leizhou	1997	52.14	26.86	10.21	15.07
	1998	52.44	26.82	10.16	15.46
	1999	49.90	24.12	9.75	16.03
广 西 Guangxi	**1997**	**48.12**	**19.54**	**14.01**	**14.57**
	1998	**52.56**	**24.56**	**13.71**	**14.29**
	1999	**56.22**	**22.09**	**14.88**	**19.25**

续表10 continued

沿海县（市、区） Coastal County	年 份 Year	国内生产总值 GDP	第一产业 Primary Industry	第二产业 Secondary Industry	第三产业 Tertiary Industry
合 浦 Hepu	1997	48.12	19.54	14.01	14.57
	1998	42.14	21.57	11.77	8.80
	1999	45.11	19.04	13.00	13.07
东 兴 Dongxing	1997				
	1998	10.42	2.99	1.94	5.49
	1999	11.11	3.05	1.88	6.18
海 南 Hainan	**1997**	**237.90**	**117.25**	**59.26**	**61.39**
	1998	**266.70**	**132.55**	**66.16**	**67.99**
	1999	**284.71**	**141.71**	**68.12**	**74.88**
琼 海 Qionghai	1997	29.60	14.77	5.94	8.89
	1998	34.52	17.59	6.37	10.56
	1999	38.24	18.77	7.01	12.46
儋 州 Danzhou	1997	42.57	23.13	7.32	12.12
	1998	49.33	26.68	9.19	13.46
	1999	51.20	27.21	9.39	14.60
琼 山 Qiongshan	1997	33.75	12.10	12.08	9.57
	1998	39.19	14.98	14.98	9.23
	1999	42.34	17.96	14.78	9.60
文 昌 Wenchang	1997	24.58	11.84	6.35	6.39
	1998	29.42	13.78	7.91	7.73
	1999	31.41	14.54	8.19	8.68
万 宁 Wanning	1997	23.59	10.22	6.78	6.59
	1998	24.82	10.71	6.33	7.78
	1999	26.35	10.83	6.71	8.81
澄 迈 Chengmai	1997	19.09	9.09	6.86	3.14
	1998	20.80	10.13	7.41	3.26
	1999	22.38	10.94	7.99	3.45
临 高 Lingao	1997	13.10	10.76	1.12	1.22
	1998	14.49	11.42	1.71	1.36
	1999	15.30	12.05	1.65	1.60
昌 江 Changjiang	1997	13.26	4.53	6.15	2.58
	1998	12.32	4.63	4.87	2.82
	1999	12.12	4.76	4.35	3.01
东 方 Dongfang	1997	14.85	5.80	4.14	4.91
	1998	16.18	6.35	4.70	5.13
	1999	17.71	7.07	5.28	5.36
乐 东 Ledong	1997	14.95	10.10	1.29	3.56
	1998	16.12	10.72	1.41	3.99
	1999	17.17	11.11	1.60	4.46
陵 水 Lingshui	1997	8.56	4.91	1.23	2.42
	1998	9.51	5.56	1.28	2.67
	1999	10.49	6.47	1.17	2.85

1-7 沿海城市工农业总产值和增加值

Gross Output Value and Added Value of Industry and Agriculture of Coastal Cities

单位：亿元　　Unit: 100 million yuan

沿海城市 Coastal City	年份 Year	工业 Industry		农业 Agriculture	
		总产值 Output Value	增加值 Added Value	总产值 Output Value	增加值 Added Value
天津	**1997**	**2 838.20**	**580.21**	**148.82**	**74.55**
Tianjin	**1998**	**2 562.62**	**587.63**	**156.16**	**74.03**
	1999	**2 751.37**	**640.21**	**150.11**	**71.01**
河北	**1997**	**542.84**	**201.32**	**26.67**	**14.49**
Hebei	**1998**	**548.57**	**223.42**	**29.04**	**15.58**
唐山	1997	346.39	140.68	17.52	9.46
Tangshan	1998	358.55	158.20	19.20	10.05
秦皇岛	1997	137.20	37.80	6.87	3.80
Qinhuangdao	1998	136.21	39.94	7.66	4.25
沧州	1997	59.25	22.84	2.28	1.23
Cangzhou	1998	53.81	25.28	2.18	1.28
辽宁	**1997**	**1 950.05**	**494.72**	**107.10**	**63.45**
Liaoning	**1998**	**1 888.86**	**518.68**	**116.00**	**60.22**
	1999	**2 014.37**	**552.96**	**114.13**	**60.63**
大连	1997	1 229.82	221.41	72.92	42.74
Dalian	1998	1 201.46	247.04	79.56	40.23
	1999	1 230.82	267.73	78.51	39.11
丹东	1997	71.12	29.20	3.41	1.66
Dandong	1998	72.96	29.04	3.71	1.81
	1999	87.26	28.89	3.32	1.86
锦州	1997	131.17	29.09	7.18	4.79
Jinzhou	1998	131.76	28.63	7.84	5.73
	1999	142.43	30.10	7.47	6.11
营口	1997	124.40	44.54	7.31	3.80
Yingkou	1998	135.89	50.11	8.02	4.04
	1999	121.86	52.61	9.41	4.72
盘锦	1997	228.60	122.88	3.35	2.06
Panjin	1998	205.54	116.18	3.47	2.38
	1999	241.22	129.19	3.56	2.18
葫芦岛	1997	164.94	47.28	12.93	8.40
Huludao	1998	141.25	47.68	13.40	6.03
	1999	190.78	44.44	11.86	6.65
上海	**1997**	**5 606.27**	**1 580.38**	**204.41**	**75.80**
Shanghai	**1998**	**5 897.34**	**1 643.25**	**206.75**	**78.50**
	1999	**5 665.65**	**1 758.68**	**206.90**	**80.00**
江苏	**1997**	**450.37**	**121.44**	**26.27**	**12.82**
Jiangsu	**1998**	**456.72**	**121.12**	**27.05**	**13.10**
	1999	**505.17**	**131.79**	**28.02**	**13.70**

续表1　continued

沿海城市 Coastal City	年 份 Year	工 业 Industry		农 业 Agriculture	
		总产值 Output Value	增加值 Added Value	总产值 Output Value	增加值 Added Value
南 通 Nantong	1997	211.19	61.18	5.58	2.39
	1998	203.85	55.95	5.41	2.24
	1999	227.14	63.48	5.60	2.33
连云港 Lianyungang	1997	147.54	39.34	11.86	6.10
	1998	160.43	41.29	12.62	6.45
	1999	179.19	45.29	13.21	6.78
盐 城 Yancheng	1997	91.64	20.92	8.83	4.33
	1998	92.44	23.88	9.02	4.41
	1999	98.84	23.02	9.21	4.59
浙 江 Zhejiang	**1997**	**2 576.72**	**637.48**	**143.47**	**82.96**
	1998	**2 616.64**	**643.51**	**125.96**	**71.94**
	1999		**700.59**	**128.76**	**73.49**
杭 州 Hangzhou	1997	670.60	213.23	19.87	13.01
	1998	721.84	218.41	20.71	13.43
	1999		219.42	21.94	14.52
宁 波 Ningbo	1997	548.48	134.82	18.13	12.80
	1998	573.03	140.44	18.46	12.18
	1999		153.07	19.00	12.48
温 州 Wenzhou	1997	475.52	120.01	10.35	5.75
	1998	549.68	125.15	10.63	5.99
	1999		152.02	10.03	5.73
绍 兴 Shaoxing	1997	117.72	19.12	3.88	2.71
	1998	105.60	27.94	3.91	2.75
	1999		28.80	3.99	2.77
舟 山 Zhoushan	1997	66.58	17.27	37.53	16.49
	1998	67.81	16.76	38.63	17.24
	1999		17.37	39.72	17.37
台 州 Taizhou	1997	518.42	103.41	31.55	18.80
	1998	598.68	114.81	33.62	20.35
	1999		129.91	34.08	20.62
福 建 Fujian	**1997**	**1 305.55**		**88.32**	**52.14**
	1998	**1 520.14**		**91.75**	**55.77**
	1999	**1 740.78**		**92.25**	**55.75**
福 州 Fuzhou	1997	414.02		14.97	8.59
	1998	497.90		16.14	9.61
	1999	550.15		16.92	9.99
厦 门 Xiamen	1997	525.83		34.04	21.01
	1998	589.71		34.00	21.74
	1999	698.54		33.34	21.00
莆 田 Putian	1997	56.27		14.95	9.72
	1998	74.05		15.57	10.13
	1999	83.13		16.19	10.48
泉 州 Quanzhou	1997	210.51		15.35	8.25
	1998	244.22		16.63	9.21
	1999	281.04		17.11	9.55

续表2 continued

沿海城市 Coastal City	年 份 Year	工 业 Industry		农 业 Agriculture	
		总产值 Output Value	增加值 Added Value	总产值 Output Value	增加值 Added Value
漳 州 Zhangzhou	1997	98.92		9.01	4.57
	1998	114.26		9.41	5.08
	1999	127.92		8.69	4.73
山 东 Shandong	**1997**	**2 207.99**	**641.23**	**196.53**	**120.59**
	1998	**2 386.31**	**735.65**	**244.94**	**123.22**
	1999	**2 400.74**	**823.00**	**215.01**	**119.49**
青 岛 Qingdao	1997	795.25	204.83	37.65	18.54
	1998	888.95	198.50	37.44	20.54
	1999	962.90	280.13	37.93	20.55
东 营 Dongying	1997	293.16	175.35	13.72	8.13
	1998	452.44	209.94	44.71	5.00
	1999	293.21	202.34	20.64	7.38
烟 台 Yantai	1997	378.76	57.75	32.82	16.59
	1998	268.90	112.30	32.59	17.01
	1999	367.05	125.53	30.07	15.62
潍 坊 Weifang	1997	336.31	101.30	25.69	13.54
	1998	309.97	104.90	25.30	14.00
	1999	310.00	105.00	26.00	14.00
威 海 Weihai	1997	207.51	48.00	28.65	16.79
	1998	238.20	56.06	27.41	17.62
	1999	271.55	50.80	21.23	13.08
日 照 Rizhao	1997	197.00	54.00	58.00	47.00
	1998	227.85	53.95	77.49	49.05
	1999	196.03	59.20	79.14	48.86
广 东 Guangdong	**1997**	**5 948.15**		**258.99**	**158.86**
	1998	**6 529.67**	**1 736.51**	**268.50**	**163.18**
	1999	**7 274.45**	**1 944.74**	**273.59**	**164.54**
广 州 Guangzhou	1997	1 386.57		47.46	26.05
	1998	1 349.00	424.15	46.40	27.06
	1999	1 462.25	481.61	46.10	27.06
深 圳 Shenzhen	1997	1 664.45		27.09	15.80
	1998	1 943.52	517.45	28.82	16.45
	1999	2 146.49	587.46	29.97	16.48
珠 海 Zhuhai	1997	393.08			4.37
	1998	421.44	97.44	4.37	3.31
	1999	457.41	110.70	7.57	3.38
汕 头 Shantou	1997	245.75		8.32	5.62
	1998	277.00	83.44	9.06	6.00
	1999	279.65	82.97	9.20	5.84
江 门 Jiangmen	1997	206.83		4.27	2.38
	1998	224.30	59.34	4.43	2.20
	1999	248.05	58.01	4.70	2.30
湛 江 Zhanjiang	1997	206.07		24.03	16.28
	1998	215.80	67.68	24.14	16.37
	1999	204.90	81.73	24.89	16.57

续表3 continued

沿海城市 Coastal City	年 份 Year	工 业 Industry		农 业 Agriculture	
		总产值 Output Value	增加值 Added Value	总产值 Output Value	增加值 Added Value
茂 名 Maoming	1997	178.14		15.40	7.74
	1998	163.71	36.95	15.79	7.95
	1999	205.23	36.54	11.39	7.36
惠 州 Huizhou	1997	320.34		5.51	1.86
	1998	339.00	72.20	3.52	1.95
	1999	410.31	81.35	3.58	2.03
阳 江 Yangjiang	1997	38.34		18.36	12.76
	1998	44.52	16.72	19.83	13.74
	1999	48.80	10.79	20.61	14.15
东 莞 Dongguan	1997	600.92		51.44	30.00
	1998	732.22	178.57	53.60	30.61
	1999	906.95	212.30	53.74	30.68
中 山 Zhongshan	1997	510.95		32.76	23.05
	1998	580.78	122.14	34.68	23.59
	1999	627.10	134.34	35.83	24.26
汕 尾 Shanwei	1997	19.94		14.38	7.17
	1998	23.55	4.84	13.72	7.72
	1999	28.08	5.24	15.60	7.96
潮 州 Chaozhou	1997	76.71		2.13	1.17
	1998	82.31	19.08	1.98	1.13
	1999	91.31	20.88	1.92	1.10
揭 阳 Jieyang	1997	100.06		7.84	4.61
	1998	132.52	36.51	8.16	5.10
	1999	157.92	40.82	8.49	5.37
广 西 Guangxi	1997	**114.53**	**27.90**	**92.93**	**53.45**
	1998	**109.10**	**32.06**	**105.89**	**62.74**
	1999	**90.91**	**26.83**	**96.94**	**59.33**
北 海 Beihai	1997	58.57	15.09	25.66	14.46
	1998	49.00	14.66	26.95	11.01
	1999	48.29	13.35	27.74	15.92
防城港 Fangchenggang	1997	24.94	6.00	21.13	12.03
	1998	21.57	4.49	26.32	16.75
	1999	23.49	7.24	18.85	11.95
钦 州 Qinzhou	1997	31.02	6.81	46.14	26.96
	1998	38.53	12.91	52.62	34.98
	1999	19.13	6.24		31.46
海 南 Hainan	**1997**	**73.77**	**14.80**	**15.57**	**11.73**
	1998	**83.43**			**13.41**
	1999	**80.58**	**16.22**	**19.82**	**14.27**
海 口 Haikou	1997	65.81	12.95	4.20	2.73
	1998	72.31			2.89
	1999	71.75	14.10	4.48	2.91
三 亚 Sanya	1997	7.33	1.85	10.44	7.05
	1998	8.10			9.71
	1999	7.03	1.73	13.99	10.51
洋 浦 Yangpu	1997	0.63	0.11	0.93	0.67
	1998	3.02			0.81
	1999	1.80	0.39	1.35	0.85

注：海南省工业增加值统计范围为规模以上企业（下表同）。

Note: Data of Hainan Industry added value are that of enterprises with annual sales above five million yuan (same as below).

1-8 沿海县(市、区)工农业总产值和增加值
Gross Output Value and Added Value of Industry and Agriculture of Coastal Counties

单位：亿元 Unit: 100 million yuan

沿海县(市、区) Coastal County	年份 Year	工业 Industry		农业 Agriculture	
		总产值 Output Value	增加值 Added Value	总产值 Output Value	增加值 Added Value
天津 Tianjin	**1997**	**603.24**	**129.13**	**9.32**	**4.33**
	1998	**667.55**	**130.63**	**9.93**	**4.57**
	1999	**752.61**	**158.67**	**8.99**	**4.08**
塘沽 Tanggu	1997	391.59	72.23	2.82	1.28
	1998	461.83	83.87	2.56	1.30
	1999	514.00	95.94	2.51	1.28
汉沽 Hangu	1997	29.53	8.34	4.38	1.90
	1998	27.18	8.01	5.00	2.13
	1999	29.06	7.58	5.03	2.18
大港 Dagang	1997	182.12	48.56	2.12	1.15
	1998	178.54	38.75	2.37	1.14
	1999	209.55	55.15	1.45	0.62
河北 Hebei	**1997**	**421.72**	**109.75**	**173.09**	**98.07**
	1998	**458.80**	**121.69**	**185.89**	**104.64**
	1999		**126.09**	**188.69**	**104.00**
丰南 Fengnan	1997	119.76	24.79	35.70	20.85
	1998	116.79	28.42	36.93	22.09
	1999		32.38	39.73	23.50
滦南 Luannan	1997	68.38	18.89	29.91	17.16
	1998	77.11	20.88	32.48	18.47
	1999		23.26	33.44	18.85
乐亭 Leting	1997	37.13	8.12	41.51	23.30
	1998	40.53	8.89	45.11	24.96
	1999		10.72	48.04	26.40
唐海 Tanghai	1997	29.93	8.77	13.12	6.40
	1998	31.85	9.31	14.02	6.89
	1999		9.79	14.61	7.18
昌黎 Changli	1997	39.84	8.70	23.05	13.14
	1998	45.80	10.14	24.65	14.03
	1999		7.58	24.47	13.73
抚宁 Funing	1997	42.01	12.07	16.17	8.90
	1998	49.95	13.79	17.00	8.98
	1999		13.61	16.74	8.69
海兴 Haixing	1997	9.78	2.84	3.16	1.69
	1998	11.34	3.17	3.40	1.76
	1999		3.31	3.16	1.61

续表1 continued

沿海县(市、区) Coastal County	年 份 Year	工 业 Industry		农 业 Agriculture	
		总产值 Output Value	增加值 Added Value	总产值 Output Value	增加值 Added Value
黄 骅 Huanghua	1997	74.89	25.57	10.47	6.63
	1998	85.43	27.09	12.30	7.46
	1999		25.44	8.50	4.04
辽 宁 Liaoning	**1997**	**863.30**	**174.20**	**249.89**	**136.54**
	1998	**875.76**	**196.57**	**259.88**	**149.88**
	1999	**1 006.82**	**222.70**	**256.99**	**149.09**
长 海 Changhai	1997	3.34	0.39	9.41	3.38
	1998	1.90	0.26	8.80	4.43
	1999	1.54	0.23	10.48	5.47
瓦房店 Wafangdian	1997	258.70	47.48	30.30	16.88
	1998	231.50	55.67	35.46	20.48
	1999	270.50	64.13	30.57	18.53
普兰店 Pulandian	1997	246.35	49.23	30.81	17.14
	1998	260.24	55.47	32.67	18.71
	1999	278.12	59.90	34.04	19.83
庄 河 Zhuanghe	1997	102.68	21.44	26.54	14.87
	1998	121.25	24.93	30.87	17.67
	1999	139.96	28.98	34.37	20.25
东 港 Donggang	1997	73.41	18.00	26.53	15.90
	1998	82.21	17.17	28.81	17.29
	1999	94.84	22.50	29.56	17.73
凌 海 Linghai	1997	31.50	6.28	27.81	12.39
	1998	32.08	7.32	25.14	11.42
	1999	36.85	7.75	20.62	10.58
盖 州 Gaizhou	1997	68.50	11.30	19.10	11.02
	1998	59.32	12.45	20.54	12.18
	1999	84.20	12.80	20.30	12.19
大 洼 Dawa	1997	21.05	4.12	23.64	14.39
	1998	24.68	4.94	25.05	15.80
	1999	27.69	5.53	25.96	15.69
盘 山 Panshan	1997	22.54	6.03	24.47	14.62
	1998	24.95	6.25	21.18	15.07
	1999	30.70	7.67	23.47	14.46
绥 中 Suizhong	1997	15.76	2.21	19.87	10.69
	1998	17.23	2.36	19.38	10.24
	1999	19.59	2.54	16.57	8.83
兴 城 Xingcheng	1997	19.47		11.41	5.26
	1998	20.40	9.75	11.98	6.59
	1999	22.83	10.67	11.05	5.53

续表2 continued

沿海县(市、区) Coastal County	年 份 Year	工 业 Industry		农 业 Agriculture	
		总产值 Output Value	增加值 Added Value	总产值 Output Value	增加值 Added Value
上 海 Shanghai	**1997**	**2 183.24**	**580.44**	**114.79**	**44.56**
	1998	**2 205.27**	**558.90**	**118.03**	**44.90**
	1999	**2 446.29**	**645.65**	**122.95**	**46.77**
宝 山 Baoshan	1997	573.85	164.21	10.69	3.00
	1998	332.13	67.05	10.24	3.00
	1999	327.48	74.19	10.93	3.05
浦东新区 Pudong	1997	904.29	212.31	11.30	4.88
	1998	1 219.75	312.21	11.59	5.25
	1999	1 444.56	380.00	11.93	5.47
南 汇 Nanhui	1997	225.44	60.83	29.61	10.00
	1998	191.06	47.96	30.32	10.83
	1999	178.48	38.86	31.58	11.42
奉 贤 Fengxian	1997	183.17	49.33	21.89	7.05
	1998	185.72	44.67	22.03	7.59
	1999	190.41	48.90	22.16	7.60
金 山 Jinshan	1997	211.31	73.35	17.20	8.15
	1998	206.36	70.79	17.14	6.30
	1999	239.54	84.31	16.84	6.42
崇 明 Chongming	1997	85.18	20.41	24.10	11.48
	1998	70.25	16.22	26.71	11.93
	1999	65.82	19.39	29.51	12.81
江 苏 Jiangsu	**1997**	**1 326.06**	**243.90**	**537.26**	**273.44**
	1998	**1 474.60**	**275.70**	**556.87**	**282.17**
	1999	**1 643.21**	**305.51**	**569.15**	**288.08**
海 安 Haian	1997	76.45	14.09	31.77	17.85
	1998	84.49	16.06	32.56	17.90
	1999	94.82	17.68	33.24	18.24
如 东 Rudong	1997	86.45	17.01	46.30	25.29
	1998	83.67	17.57	46.86	25.66
	1999	88.89	19.66	47.51	25.84
海 门 Haimen	1997	144.26	36.10	29.13	15.63
	1998	159.99	39.72	30.32	16.24
	1999	184.25	44.53	31.09	16.60
启 东 Qidong	1997	147.53	33.06	50.24	24.68
	1998	167.58	35.82	51.78	25.45
	1999	187.54	38.70	52.91	26.45
通 州 Tongzhou	1997	196.94	38.15	37.65	20.28
	1998	214.49	42.96	38.33	20.64
	1999	244.66	47.92	40.00	21.44
赣 榆 Ganyu	1997	126.40	15.96	39.98	20.58
	1998	160.69	19.60	41.41	21.33
	1999	183.99	22.02	38.78	20.81

续表3 continued

沿海县(市、区) Coastal County	年份 Year	工业 Industry 总产值 Output Value	工业 Industry 增加值 Added Value	农业 Agriculture 总产值 Output Value	农业 Agriculture 增加值 Added Value
灌云 Guanyun	1997	55.22	6.87	35.02	19.17
	1998	66.42	9.96	35.70	19.28
	1999	74.78	10.85	38.26	20.24
响水 Xiangshui	1997	21.69	3.58	18.16	8.69
	1998	26.00	3.93	19.97	9.25
	1999	32.56	4.44	21.64	10.05
滨海 Binhai	1997	37.55	6.88	28.49	15.61
	1998	44.60	8.38	31.00	16.08
	1999	47.90	9.49	33.72	16.80
射阳 Sheyang	1997	92.95	18.70	52.57	23.72
	1998	96.60	21.21	53.17	24.00
	1999	94.30	22.16	49.56	22.29
大丰 Dafeng	1997	110.43	18.96	48.86	22.23
	1998	113.48	20.93	51.19	23.39
	1999	125.24	23.54	52.57	23.95
东台 Dongtai	1997	115.42	18.91	61.63	28.08
	1998	123.02	21.09	63.91	29.60
	1999	129.39	23.33	67.16	31.20
东海 Donghai	1997	92.45	12.16	39.02	21.50
	1998	108.13	14.22	40.55	22.31
	1999	122.76	16.13	41.38	22.45
灌南 Guannan	1997	22.32	3.47	18.44	10.13
	1998	25.44	4.25	20.12	11.04
	1999	32.13	5.06	21.33	11.72
浙江 Zhejiang	**1997**	**4 246.31**	**936.50**	**409.46**	**257.52**
	1998	**4 790.30**	**1 026.46**	**430.83**	**267.47**
	1999		**1 119.31**	**445.21**	**269.62**
余姚 Yuyao	1997	350.63	62.37	23.68	16.71
	1998	392.30	67.35	24.73	17.44
	1999		75.38	25.84	18.00
萧山 Xiaoshan	1997	327.27	81.12	23.02	16.96
	1998	378.00	91.42	25.45	18.18
	1999		102.42	28.42	18.95
象山 Xiangshan	1997	148.39	25.42	28.66	14.45
	1998	168.16	27.79	31.17	16.03
	1999		31.29	33.03	16.70
宁海 Ninghai	1997	147.28	27.04	11.63	8.04
	1998	171.66	28.98	13.32	9.23
	1999		31.25	14.58	10.20
鄞县 Yin	1997	349.45	70.49	17.85	12.40
	1998	377.01	77.36	17.02	11.79
	1999		87.53	17.65	12.01
慈溪 Cixi	1997	389.75	69.21	17.99	13.06
	1998	435.27	71.68	19.65	14.01
	1999		79.87	19.85	14.16

续表4 continued

沿海县(市、区) Coastal County	年 份 Year	工 业 Industry		农 业 Agriculture	
		总产值 Output Value	增加值 Added Value	总产值 Output Value	增加值 Added Value
奉 化 Fenghua	1997	104.97	22.56	11.50	7.79
	1998	119.26	23.52	12.01	8.13
	1999		25.41	12.58	8.25
洞 头 Dongtou	1997	9.55	2.35	5.06	2.40
	1998	8.09	1.95	5.84	2.73
	1999		2.10	6.33	2.87
平 阳 Pingyang	1997	104.13	26.95	10.36	5.86
	1998	121.67	30.18	10.46	5.92
	1999		31.17	9.88	5.72
苍 南 Cangnan	1997	112.36	25.38	14.17	7.91
	1998	130.39	27.76	15.62	8.72
	1999		30.97	16.73	9.21
瑞 安 Ruian	1997	244.70	70.24	16.29	8.89
	1998	275.47	76.56	17.28	9.52
	1999		76.51	17.32	9.87
乐 清 Yueqing	1997	203.71	60.02	18.51	11.79
	1998	239.38	67.33	18.34	11.65
	1999		71.03	18.06	10.70
海 盐 Haiyan	1997	100.73	27.17	11.96	7.84
	1998	103.00	28.41	11.10	7.67
	1999		25.10	10.40	7.08
海 宁 Haining	1997	216.95	49.14	17.18	11.96
	1998	232.24	53.91	15.20	10.82
	1999		57.97	14.76	10.05
平 湖 Pinghu	1997	127.68	29.96	14.26	9.64
	1998	124.85	30.87	13.02	8.91
	1999		36.30	12.08	7.95
绍 兴 Shaoxing	1997	392.69	99.86	20.33	14.41
	1998	451.69	109.50	21.25	14.87
	1999		120.20	21.73	14.88
上 虞 Shangyu	1997	326.23	72.36	24.61	16.34
	1998	384.70	83.33	25.98	17.02
	1999		86.08	26.93	16.50
岱 山 Daishan	1997	10.51	2.96	16.05	8.23
	1998	11.44	3.38	16.68	8.60
	1999		3.55	18.28	8.95
嵊 泗 Shengsi	1997	4.30	1.18	9.60	4.95
	1998	4.91	1.36	9.40	4.89
	1999		1.48	9.44	4.87
临 海 Linhai	1997	114.86	21.84	19.09	12.43
	1998	136.02	24.83	20.74	12.71
	1999		28.88	22.02	13.21

续表5 continued

沿海县(市、区) Coastal County	年 份 Year	工 业 Industry		农 业 Agriculture	
		总产值 Output Value	增加值 Added Value	总产值 Output Value	增加值 Added Value
温 岭 Wenling	1997	315.71	58.81	46.03	26.17
	1998	359.58	66.60	47.69	26.53
	1999		75.82	48.55	26.63
三 门 Sanmen	1997	19.91	4.54	8.08	4.68
	1998	23.09	4.94	12.55	7.11
	1999		5.97	12.91	7.46
玉 环 Yuhaun	1997	124.55	25.53	23.55	14.61
	1998	142.12	27.45	26.33	14.99
	1999		33.03	27.84	15.40
福 建 Fujian	**1997**	**1 595.09**		**420.60**	**249.28**
	1998	**2 085.63**		**438.79**	**266.85**
	1999	**2 325.72**		**460.14**	**278.68**
连 江 Lianjiang	1997	32.98		33.15	22.18
	1998	37.70		34.95	23.38
	1999	45.07		37.98	25.38
罗 源 Luoyuan	1997	31.50		14.18	8.63
	1998	36.78		14.35	8.75
	1999	43.73		15.05	9.17
长 乐 Changle	1997	100.22		22.07	14.05
	1998	116.15		22.95	14.62
	1999	136.71		23.98	15.24
平 潭 Pingtan	1997	4.62		18.30	10.84
	1998	4.04		19.63	11.62
	1999	4.67		22.45	13.62
福 清 Fuqing	1997	213.02		47.17	28.35
	1998	263.15		49.08	29.95
	1999	319.46		50.27	30.59
莆 田 Putian	1997	56.27		38.14	15.52
	1998	81.07		24.66	16.61
	1999	92.80		25.50	17.01
仙 游 Xianyou	1997	19.77		14.25	8.42
	1998	47.00		14.80	8.77
	1999	56.03		15.13	8.96
惠 安 Huian	1997	116.47		24.10	13.91
	1998	143.37		26.17	15.21
	1999	176.82		26.89	15.74
晋 江 Jinjiang	1997	341.55		19.14	11.93
	1998	405.94		19.88	12.08
	1999	450.40		18.71	11.17

续表6 continued

沿海县(市、区) Coastal County	年 份 Year	工 业 Industry		农 业 Agriculture	
		总产值 Output Value	增加值 Added Value	总产值 Output Value	增加值 Added Value
石 狮 Shishi	1997	105.46		7.51	3.66
	1998	118.30		8.24	4.00
	1999	130.28		9.55	4.61
南 安 Nanan	1997	217.01		22.86	14.86
	1998	247.93		23.46	15.14
	1999	269.52		23.66	15.41
云 霄 Yunxiao	1997	46.24		12.58	7.08
	1998	48.66		13.66	7.66
	1999	51.11		14.84	8.85
漳 浦 Zhangpu	1997	103.53		26.14	12.95
	1998	122.84		29.21	14.85
	1999	134.23		30.38	15.46
诏 安 Zhaoan	1997	36.21		20.35	12.82
	1998	46.99		22.90	14.49
	1999	55.57		24.83	15.35
东 山 Dongshan	1997	37.42		13.90	7.57
	1998	47.85		15.82	9.13
	1999	53.17		16.33	9.48
龙 海 Longhai	1997	123.06		28.01	16.38
	1998	144.91		30.03	17.73
	1999	162.80		31.26	18.49
宁 德 Ningde	1997	18.44		14.58	8.52
	1998	21.42		14.21	8.83
	1999	22.47		15.16	9.05
福 安 Fuan	1997	45.23		15.98	10.35
	1998	49.69		17.33	10.91
	1999	60.62		18.17	11.20
福 鼎 Fuding	1997	30.54		15.06	9.09
	1998	33.91		16.33	9.98
	1999	37.75		17.35	10.52
霞 浦 Xiapu	1997	21.01		20.64	12.17
	1998	23.47		22.30	13.14
	1999	22.51		22.65	13.38
山 东 Shandong	**1997**	**2 584.58**	**597.71**	**546.53**	**308.49**
	1998	**2 749.48**	**623.41**	**573.41**	**343.75**
	1999	**2 767.68**	**658.90**	**540.40**	**306.67**
胶 州 Jiaozhou	1997	166.98	36.81	27.75	15.20
	1998	188.95	43.17	32.48	18.50
	1999	170.10	35.83	32.31	18.14
即 墨 Jimo	1997	121.61	28.45	29.01	16.49
	1998	144.74	35.21	38.95	22.63
	1999	152.31	39.50	38.87	22.17
胶 南 Jiaonan	1997	98.23	25.52	31.58	20.21
	1998	133.23	32.00	38.61	23.70
	1999	149.80	42.11	38.99	23.23

续表7 continued

沿海县(市、区) Coastal County	年 份 Year	工 业 Industry		农 业 Agriculture	
		总产值 Output Value	增加值 Added Value	总产值 Output Value	增加值 Added Value
垦 利 Kenli	1997	29.93	6.60	8.37	4.85
	1998	36.35	7.75	6.86	5.50
	1999	27.46	6.88	7.75	4.49
利 津 Lijin	1997	38.62	9.13	14.15	7.97
	1998	50.14	10.67	10.30	9.20
	1999	29.36	6.10	12.00	6.96
广 饶 Guangrao	1997	79.54	15.43	19.00	10.85
	1998	120.74	20.87	15.93	11.16
	1999	69.80	15.02	17.84	10.51
海 阳 Haiyang	1997	68.02	47.60	28.03	14.18
	1998	66.02	13.40	31.56	16.86
	1999	66.64	15.34	29.59	15.36
长 岛 Changdao	1997	3.36	0.99	14.70	8.57
	1998	2.12	0.50	9.71	5.70
	1999	1.16	0.29	8.89	5.07
龙 口 Longkou	1997	266.30	46.02	26.27	15.33
	1998	273.28	50.30	27.85	16.61
	1999	269.75	57.19	28.00	16.52
莱 阳 Laiyang	1997	114.42	25.00	20.36	10.70
	1998	116.40	23.70	25.59	15.78
	1999	128.17	26.27	24.77	14.78
莱 州 Laizhou	1997	163.30	40.40	37.28	20.48
	1998	188.85	46.00	37.45	21.37
	1999	197.70	51.58	37.51	21.38
蓬 莱 Penglai	1997	114.51	25.10	24.37	12.90
	1998	111.94	24.00	27.18	14.85
	1999	126.48	27.30	27.92	15.29
招 远 Zhaoyuan	1997	166.42	22.92	16.33	8.25
	1998	170.64	39.70	14.30	7.81
	1999	187.34	43.57	14.36	7.41
昌 邑 Changyi	1997	122.90	61.45	30.20	13.50
	1998	131.92	65.96	30.04	14.33
	1999	145.60	72.60	32.90	15.40
寿 光 Shouguang	1997	179.57	40.17	52.18	27.54
	1998	170.63	24.98	55.37	29.70
	1999	117.50	31.70	47.12	25.70
文 登 Wendeng	1997	314.45	70.30	43.20	27.54
	1998	309.34	79.26	41.39	26.60
	1999	340.27	78.17	35.29	20.63
荣 成 Rongcheng	1997	356.78	57.60	70.66	43.10
	1998	368.10	70.83	72.55	46.77
	1999	391.66	71.44	55.78	34.10

续表8 continued

沿海县(市、区) Coastal County	年份 Year	工业 Industry		农业 Agriculture	
		总产值 Output Value	增加值 Added Value	总产值 Output Value	增加值 Added Value
乳山 Rushan	1997	121.07	25.40	31.28	20.69
	1998	138.68	27.55	31.12	22.03
	1999	165.58	29.30	25.14	15.20
无棣 Wudi	1997	44.80	9.64	10.97	5.04
	1998	19.64	5.53	13.60	7.59
	1999	22.06	6.20	13.06	7.33
沾化 Zhanhua	1997	14.04	3.18	10.84	5.10
	1998	7.77	2.03	12.57	7.06
	1999	8.94	2.51	12.31	7.00
广东 Guangdong	**1997**	**1 921.06**		**556.25**	**351.02**
	1998	**2 197.80**	**489.60**	**599.36**	**351.39**
	1999	**2 418.88**	**560.51**	**616.08**	**363.65**
番禺 Panyu	1997	457.29		38.02	20.63
	1998	523.67	120.87	40.10	22.42
	1999	581.87	133.55	41.63	23.12
斗门 Doumen	1997	67.88		15.15	7.88
	1998	70.54	17.23	15.55	9.23
	1999	80.24	17.59	13.32	9.67
澄海 Chenghai	1997	112.85		22.01	12.00
	1998	139.24		23.77	13.01
	1999	162.44	31.46	24.95	13.51
南澳 Nanao	1997	4.86		5.55	1.62
	1998	5.32	1.08	6.44	1.71
	1999	5.84	1.17	7.06	1.80
恩平 Enping	1997	55.74		15.59	8.63
	1998	55.53	15.15	13.96	7.61
	1999	54.41	15.60	15.50	8.40
台山 Taishan	1997	222.79		37.23	18.09
	1998	236.35	35.65	38.87	18.67
	1999	258.21	39.23	39.53	18.71
新会 Xinhui	1997	207.31		31.10	15.28
	1998	221.18	36.98	31.52	16.38
	1999	254.96	41.59	32.21	17.04
吴川 Wuchuan	1997	25.61		12.79	6.85
	1998	58.50	13.68	13.64	8.32
	1999	51.20	11.38	14.25	8.73
遂溪 Suixi	1997	31.48		34.39	19.70
	1998	31.76	10.16	31.80	18.11
	1999	30.10	10.01	30.18	17.95
徐闻 Xuwen	1997	10.21		22.42	14.36
	1998	13.15	2.78	22.80	14.37
	1999	9.78	2.08	22.94	14.65

续表9 continued

沿海县(市、区) Coastal County	年 份 Year	工 业 Industry		农 业 Agriculture	
		总产值 Output Value	增加值 Added Value	总产值 Output Value	增加值 Added Value
廉 江 Lianjiang	1997	42.13		40.52	19.74
	1998	45.30	10.85	41.00	20.99
	1999	47.01	11.35	41.37	22.61
电 白 Dianbai	1997	97.94		40.15	24.99
	1998	112.60	31.93	46.69	30.85
	1999	117.17	35.58	49.14	32.09
惠 阳 Huiyang	1997	130.04		21.56	14.79
	1998	137.06	44.33	25.26	15.76
	1999	150.59	47.78	25.99	16.14
惠 东 Huidong	1997	73.54		27.47	18.56
	1998	90.62	30.11	27.66	18.43
	1999	97.09	35.09	29.46	19.66
海 丰 Haifeng	1997	44.29		20.99	12.72
	1998	51.90	12.12	23.66	14.60
	1999	60.54	14.13	25.93	16.33
陆 丰 Lufeng	1997	35.95	20.00	9.00	12.02
	1998	44.45	9.38	23.40	13.08
	1999	52.28	11.06	25.14	14.28
饶 平 Raoping	1997	58.12		30.77	16.34
	1998	69.46	17.34	33.48	17.73
	1999	78.09	19.22	35.81	18.80
惠 来 Huilai	1997	48.86		26.75	17.48
	1998	55.58	14.69	30.11	19.39
	1999	63.11	16.22	31.06	20.13
雷 州 Leizhou	1997	29.57		42.40	26.86
	1998	30.49	7.50	41.90	26.82
	1999	26.48	6.73	38.99	24.12
阳 东 Yangdong	1997	13.94		18.65	12.85
	1998	17.87	5.11	19.78	13.78
	1999	22.05	6.34	20.92	14.19
阳 西 Yangxi	1997	11.55		17.20	10.13
	1998	13.58	3.56	18.77	10.97
	1999	15.84	3.99	20.28	11.94
揭 东 Jiedong	1997	139.11		26.54	17.48
	1998	173.65	49.10	29.20	19.16
	1999	199.58	49.36	30.42	19.78
广 西 Guangxi	**1997**	**46.71**	**12.36**	**34.35**	**19.54**
	1998	**42.66**	**10.87**	**35.31**	**24.56**
	1999	**44.31**	**12.59**	**38.31**	**22.09**
合 浦 Hepu	1997	46.71	12.36	34.35	19.54
	1998	37.98	9.53	30.93	21.57
	1999	39.73	11.28	33.48	19.04

续表10 continued

沿海县(市、区) Coastal County	年份 Year	工业 Industry		农业 Agriculture	
		总产值 Output Value	增加值 Added Value	总产值 Output Value	增加值 Added Value
东兴 Dongxing	1997				
	1998	4.68	1.34	4.38	2.99
	1999	4.58	1.31	4.83	3.05
海南 Hainan	**1997**	**115.62**	**24.26**	**156.72**	**117.25**
	1998	**130.08**			**132.55**
	1999	**130.96**	**22.43**	**182.05**	**141.71**
琼海 Qionghai	1997	12.69	3.02	20.93	14.77
	1998	14.23			17.59
	1999	15.69	1.31	27.43	18.77
琼山 Qiongshan	1997	16.12	3.79	16.83	12.08
	1998	18.89			14.98
	1999	20.70	4.10	23.46	17.96
文昌 Wenchang	1997	13.90	2.88	16.74	11.84
	1998	19.10			13.78
	1999	16.02	1.03	19.91	14.55
万宁 Wanning	1997	10.27	2.31	13.35	10.22
	1998	12.35			10.71
	1999	12.65	0.75	14.48	10.83
澄迈 Chengmai	1997	21.99	2.42	1.59	9.09
	1998	21.80			10.13
	1999	21.65	6.17	1.37	10.93
临高 Lingao	1997	2.78	0.73	14.85	10.76
	1998	2.77			11.42
	1999	2.71	0.43	17.21	12.05
昌江 Changjiang	1997	6.34	2.62	5.68	4.53
	1998	6.58			4.63
	1999	6.98	1.86	6.60	4.76
东方 Dongfang	1997	10.73	1.26	7.78	5.80
	1998	10.43			6.35
	1999	10.71	3.74	9.68	7.07
乐东 Ledong	1997	1.66	0.44	13.47	10.10
	1998	2.02			10.72
	1999	2.17	0.53	15.77	11.11
陵水 Lingshui	1997	1.79	0.55	6.70	4.91
	1998	2.17			5.56
	1999	1.87	0.36	10.14	6.47
儋州 Danzhou	1997	17.35	4.24	28.80	23.13
	1998	19.74			26.68
	1999	19.81	2.15	36.00	27.21

1-9 沿海城市人口及从业人员情况（1999年）
Population and Employers of Coastal Cities, 1999

单位：万人　Unit: 10 000 persons

城市 City	年末总人口 Total Population by the End of the Year	农业人口 Agricultural Population	非农业人口 Non-Agricultural Population	社会从业人员 Social Employed Population	单位从业人员 Staff and Workers
天　津 Tianjin	**910.20**	**381.50**	**528.70**	**508.10**	**211.80**
河　北 Hebei	**290.20**	**74.20**	**216.00**	**166.30**	**98.40**
唐　山 Tangshan	164.50	41.90	122.60	96.80	58.80
秦皇岛 Qinhuangdao	67.60	18.50	49.10	44.80	25.70
沧　州 Cangzhou	58.10	13.80	44.30	24.70	13.90
辽　宁 Liaoning	**626.90**	**155.30**	**471.60**		
大　连 Dalian	264.20	61.10	203.10		
丹　东 Dandong	70.20	12.10	58.10		
锦　州 Jinzhou	82.20	15.50	66.70		
营　口 Yingkou	65.50	15.10	50.40		
盘　锦 Panjin	54.30	6.70	47.60		
葫芦岛 Huludao	90.50	44.80	45.70		
上　海 Shanghai	**1 313.12**	**343.49**	**969.63**	**812.09**	**405.40**
江　苏 Jiangsu	**187.40**	**59.20**	**128.20**	**95.60**	**50.90**
南　通 Nantong	64.60	17.70	46.90	36.30	20.70
连云港 Lianyungang	61.70	15.70	46.00	30.60	17.30
盐　城 Yancheng	61.10	25.80	35.30	28.70	12.90

续表1 continued

城 市 City	年末总人口 Total Population by the End of the Year	农业人口 Agricultural Population	非农业人口 Non-Agricultural Population	社会从业人员 Social Employed Population	单位从业人员 Staff and Workers
浙 江 Zhejiang	**658.44**	**321.97**	**336.47**		**125.47**
杭 州 Hangzhou	175.27	35.98	139.29		63.50
宁 波 Jingbo	121.99	48.72	73.27		32.92
温 州 Wenzhou	117.10	65.00	52.10		
绍 兴 Shaoxing	33.52	8.80	24.72		10.39
舟 山 Zhoushan	68.53	47.55	20.98		9.61
台 州 Taizhou	142.03	115.92	26.11		9.05
福 建 Fujian	**424.64**	**185.13**	**239.51**		**134.93**
福 州 Fuzhou	145.40	36.90	108.50		47.79
厦 门 Xiamen	128.99	66.24	62.75		49.24
莆 田 Putian	35.53	20.38	15.15		8.41
泉 州 Quanzhou	65.04	35.63	29.41		20.52
漳 州 Zhangzhou	49.68	25.98	23.70		8.97
山 东 Shandong	**921.20**	**465.40**	**455.80**	**465.50**	**197.70**
青 岛 Qingdao	232.20	70.80	161.40	128.00	78.30
东 营 Dongying	73.50	25.90	47.60	26.60	26.60
烟 台 Yantai	159.30	74.70	84.60	31.40	30.80
潍 坊 Weifang	130.00	67.00	63.00	73.00	29.00
威 海 Weihai	50.80	17.80	33.00	27.60	14.70
日 照 Rizhao	275.40	209.20	66.20	178.90	18.30

续表2 continued

城 市 City	年末总人口 Total Population by the End of the Year	农业人口 Agricultural Population	非农业人口 Non-Agricultural Population	社会从业人员 Social Employed Population	单位从业人员 Staff and Workers
广 东 Guangdong	**1 444.87**	**562.83**	**882.04**	**1 119.24**	**413.61**
广 州 Guangzhou	405.49	68.95	336.54	257.30	151.71
深 圳 Shenzheng	119.85	24.80	95.05	295.09	92.52
珠 海 Zhuhai	41.66	3.21	38.45	58.01	25.59
汕 头 Shantou	116.74	28.92	87.82	58.52	29.60
江 门 Jiangmen	43.21	9.49	33.72	26.48	11.50
湛 江 Zhanjiang	135.74	75.84	59.90	66.48	19.38
茂 名 Maoming	68.82	37.03	31.79	26.37	9.26
惠 州 Huizhou	36.56	9.24	27.32	29.10	16.79
阳 江 Yangjiang	52.14	22.57	29.57	25.39	7.04
东 莞 Dongguan	151.02	112.09	38.93	92.18	16.66
中 山 Zhongshan	132.00	91.59	40.41	110.61	15.22
汕 尾 Shanwei	43.78	28.10	15.68	21.27	4.36
潮 州 Chaozhou	33.86	7.83	26.03	17.73	8.89
揭 阳 Jieyang	64.00	43.17	20.83	34.71	5.09
广 西 Guangxi	**212.20**	**161.10**	**51.10**	**128.10**	**15.80**
北 海 Beihai	50.50	29.20	21.30	29.30	6.30
防城港 Fangchenggang	46.70	34.60	12.10	24.40	3.80
钦 州 Qinzhou	115.00	97.30	17.70	74.40	5.70
海 南 Hainan	**100.59**	**38.34**	**62.25**	**58.09**	**23.19**
海 口 Haikou	54.37	8.94	45.43	36.40	19.02
三 亚 Sanya	46.22	29.40	16.82	20.27	3.97
洋 浦 Yangpu				1.42	0.20

1-10 沿海县（市、区）人口及从业人员情况（1999年）
Population and Employers of Coastal Counties, 1999

单位：万人 Unit: 10 000 persons

沿海县（市、区） Coastal County		年末总人口 Total Population by the End	农业人口 Agricultural Population	非农业人口 Non-Agricultural Population	社会从业人员 Social Employed Population	单位从业人员 Staff and Workers
天　津	**Tianjin**	**95.60**	**21.40**	**74.20**	**53.10**	**37.30**
塘　沽	Tanggu	46.30	6.60	39.70	24.10	18.80
汉　沽	Hangu	16.80	4.50	12.30	8.10	4.50
大　港	Dagang	32.50	10.30	22.20	20.90	14.00
河　北	**Hebei**	**346.50**	**299.30**	**47.20**	**189.80**	**31.00**
丰　南	Fengnan	53.30	40.70	12.60	29.60	4.70
滦　南	Luannan	56.70	52.10	4.60	31.60	3.50
乐　亭	Leting	49.50	43.70	5.80	29.50	3.80
唐　海	Tanghai	13.70	10.90	2.80	7.00	6.00
昌　黎	Changli	54.20	47.90	6.30	29.90	3.50
抚　宁	Funing	51.20	46.10	5.10	26.90	3.10
海　兴	Haixing	20.80	18.50	2.30	11.10	1.10
黄　骅	Huanghua	47.10	39.40	7.70	24.20	5.30
辽　宁	**Liaoning**	**678.56**	**541.47**	**137.09**		
长　海	Changhai	8.84	6.38	2.46		
瓦房店	Wafangdian	102.31	71.43	30.88		
普兰店	Pulandian	82.10	65.09	17.01		
庄　河	Zhuanghe	87.90	71.67	16.23		
东　港	Donggang	65.48	54.88	10.60		
凌　海	Linghai	61.86	52.42	9.44		
盖　州	Gaizhou	87.94	70.24	17.70		
大　洼	Dawa	38.56	30.05	8.51		
盘　山	Panshan	27.89	24.11	3.78		
绥　中	Suizhong	61.11	52.71	8.40		
兴　城	Xingcheng	54.57	42.49	12.08		
上　海	**Shanghai**	**316.83**	**193.32**	**123.51**	**169.14**	**26.48**
宝　山	Baoshan	77.66	18.89	58.77	25.48	6.55
浦东新区	Pudong	160.08	31.57	128.51	44.60	12.29

续表1 continued

沿海县（市、区） Coastal County		年末总人口 Total Population by the End of the Year	农业人口 Agricultural Population	非农业人口 Non-Agricultural Population	社会从业人员 Social Employed Population	单位从业人员 Staff and Workers
南　汇	Nanhui	69.11	51.62	17.49	45.52	5.65
奉　贤	Fengxian	50.46	36.60	13.86	31.53	4.90
金　山	Jinshan	53.27	34.97	18.30	29.40	5.09
崇　明	Chongming	66.33	51.24	15.09	37.21	4.29
江　苏	**Jiangsu**	**1 419.70**	**1 121.70**	**299.30**	**712.70**	**85.70**
海　安	Hanan	98.50	65.30	33.20	53.00	7.30
如　东	Rudong	112.10	67.10	45.00	62.80	7.50
海　门	Haimen	103.70	68.20	35.50	63.00	6.40
启　东	Qidong	116.60	93.40	23.20	79.10	8.00
通　州	Tongzhou	144.70	107.20	37.50	78.50	8.70
赣　榆	Ganyu	102.60	94.30	9.30	47.40	3.90
灌　云	Guanyun	102.30	88.10	14.50	42.00	5.60
响　水	Xiangshui	55.70	46.20	9.50	21.90	3.40
滨　海	Binhai	106.80	91.70	15.10	40.40	4.10
射　阳	Sheyang	104.80	88.00	16.80	42.30	8.30
大　丰	Dafeng	74.00	56.30	17.70	39.00	6.80
东　台	Dongtai	117.60	93.10	24.50	53.60	7.80
东　海	Donghai	110.00	100.30	9.70	54.90	4.90
灌　南	Guannan	70.30	62.50	7.80	34.80	3.00
浙　江	**Zhejiang**	**1 629.03**	**1 380.63**	**248.40**		**98.39**
萧　山	Xiaoshan	113.89	90.98	22.91		8.91
象　山	Xiangshan	53.22	45.80	7.42		7.92
宁　海	Ninghai	57.96	51.81	6.15		2.57
鄞　县	Yin	72.13	62.84	9.29		5.25
慈　溪	Cixi	101.01	88.19	12.82		5.09
奉　化	Fenghua	49.06	40.81	8.25		2.94
洞　头	Dongtou	12.50	11.10	1.40		0.79
平　阳	Pingyang	80.90	68.10	12.80		5.44
苍　南	Cangnan	118.90	97.40	21.50		4.61

续表2 continued

沿海县（市、区） Coastal County		年末总人口 Total Population by the End of the Year	农业人口 Agricultural Population	非农业人口 Non-Agricultural Population	社会从业人员 Social Employed Population	单位从业人员 Staff and Workers
瑞　安	Ruian	118.40	101.10	17.30		5.55
乐　清	Yueqing	113.90	103.40	10.50		4.20
海　盐	Haiyang	36.50	28.90	7.60		4.07
海　宁	Haining	63.90	51.20	12.70		4.75
平　湖	Pinghu	48.10	38.90	9.20		3.49
绍　兴	Shaoxing	97.27	84.11	13.16		4.58
上　虞	Shangyu	77.51	65.13	12.38		4.85
岱　山	Daishan	21.39	17.42	3.97		1.40
嵊　泗	Shengsi	8.50	6.30	2.20		0.87
临　海	Linhai	109.00	95.96	13.04		5.61
温　岭	Wenling	113.28	98.11	15.17		6.13
三　门	Sanmen	39.88	36.16	3.72		1.57
玉　环	Yuhuan	38.79	27.96	10.83		2.39
余　姚	Yuyao	83.04	68.95	14.09		5.41
福　建	**Fujian**	**1 454.34**	**1 287.33**	**167.01**		**87.35**
连　江	Lianjiang	61.35	55.52	5.83		2.19
罗　源	Luoyuan	25.31	22.32	2.99		1.45
长　乐	Changle	67.48	59.92	7.56		3.71
平　潭	Pingtan	38.26	34.55	3.71		1.97
福　清	Fuqing	118.54	103.35	15.19		8.92
石　狮	Shishi	29.52	20.33	9.19		4.84
莆　田	Putian	160.92	151.82	9.10		8.27
仙　游	Xianyou	97.94	89.96	7.98		4.05
惠　安	Huian	126.48	115.85	10.63		5.72
晋　江	Jinjiang	100.60	87.52	13.08		13.62
南　安	Nanan	147.79	136.67	11.12		6.17
云　霄	Yunxiao	40.52	34.54	5.98		2.55
漳　浦	Zhangpu	79.34	72.23	7.11		4.18
诏　安	Zhaoan	56.18	49.98	6.20		2.30
东　山	Dongshan	20.06	13.29	6.77		1.73

续表3 continued

沿海县（市、区） Coastal County		年末总人口 Total Population by the End of the Year	农业人口 Agricultural Population	非农业人口 Non-Agricultural Population	社会从业人员 Social Employed Population	单位从业人员 Staff and Workers
龙　海	Longhai	77.37	66.87	10.50	77.37	4.76
宁　德	Ningde	40.84	32.08	8.76	40.84	3.59
福　安	Fuan	59.66	48.85	10.81	59.66	3.26
福　鼎	Fuding	55.37	47.34	8.03	55.37	2.23
霞　浦	Xiapu	50.81	44.34	6.47	50.81	1.84
山　东	**Shandong**	**1 231.90**	**995.90**	**236.00**	**541.30**	**97.90**
胶　州	Jiaozhou	75.40	61.50	13.90	43.00	9.90
即　墨	Jimo	106.30	94.60	11.70	59.50	8.90
胶　南	Jiaonan	83.60	71.30	12.30	35.80	7.00
垦　利	Kenli	21.10	16.70	4.40	1.40	1.40
利　津	Lijin	29.00	25.10	3.90	140.00	1.40
广　饶	Guangrao	47.00	41.50	5.50	2.50	2.50
海　阳	Haiyang	69.50	58.50	11.00	3.60	3.40
长　岛	Changdao	4.60	2.70	1.90	0.80	0.70
龙　口	Longkou	62.00	39.60	22.40	6.50	6.40
莱　阳	Laiyang	89.10	70.90	18.20	5.60	5.40
莱　州	Laizhou	88.60	66.50	22.10	7.20	7.10
蓬　莱	Penglai	48.60	37.40	11.20	3.70	3.60
招　远	Zhaoyuan	57.80	43.40	14.40	6.40	6.20
昌　邑	Changyi	68.30	59.30	9.00	35.60	4.30
寿　光	Shouguang	105.00	89.00	16.00	47.00	5.00
文　登	Wendeng	66.50	48.00	18.50	35.90	7.10
荣　成	Rongcheng	68.10	47.70	20.40	33.70	6.90
乳　山	Rushan	60.80	49.40	11.40	36.50	6.00
无　棣	Wudi	42.50	38.10	4.40	18.50	2.60
沾　化	Zhanhua	38.10	34.70	3.40	18.10	2.10
广　东	**Guangdong**	**1 866.45**	**1 457.72**	**408.73**	**943.48**	**122.23**
番　禺	Panyu	91.09	55.65	35.44	88.55	18.01
斗　门	Doumen	29.74	18.75	10.99	16.80	3.20
澄　海	Chenghai	82.54	64.73	17.81	46.32	6.67

续表4 continued

沿海县（市、区） Coastal County		年末总人口 Total Population by the End of the Year	农业人口 Agricultural Population	非农业人口 Non-Agricultural Population	社会从业人员 Social Employed Population	单位从业人员 Staff and Workers
南　澳	Nanao	7.27	4.67	2.60	4.38	0.93
恩　平	Enping	46.28	29.59	16.69	23.04	3.53
台　山	Taishan	100.70	65.00	35.70	59.15	5.60
新　会	Xinhui	86.52	59.35	27.17	52.98	8.29
吴　川	Wuchuan	95.89	76.91	18.98	42.01	3.89
遂　溪	Suixi	88.58	74.22	14.36	43.51	5.01
徐　闻	Xuwen	64.62	51.67	12.95	28.90	4.44
廉　江	Lianjiang	142.42	116.59	25.83	69.80	6.60
电　白	Dianbai	154.13	122.74	31.39	69.08	6.61
惠　阳	Huiyang	60.97	50.69	10.28	18.71	12.17
惠　东	Huidong	67.22	57.47	9.75	50.01	5.15
海　丰	Haifeng	71.22	53.08	18.14	35.07	3.01
陆　丰	Lufeng	128.14	101.95	26.19	55.00	5.00
饶　平	Raoping	93.07	73.53	19.54	43.92	4.65
惠　来	Huilai	104.37	86.56	17.81	18.91	5.61
雷　州	Leizhou	140.30	114.34	25.96	69.08	6.61
阳　东	Yangdong	49.28	42.17	7.11	27.28	2.72
阳　西	yangxi	45.21	35.68	9.53	21.13	1.88
揭　东	Jiedong	116.89	102.38	14.51	59.85	2.65
广　西	**Guangxi**	**99.10**	**79.90**	**19.20**	**57.20**	**5.30**
合　浦	Hepu	89.00	72.00	17.00	51.20	4.60
东　兴	Dongxing	10.10	7.90	2.20	6.00	0.70
海　南	**Hainan**	**523.68**	**420.59**	**103.09**	**205.63**	**26.80**
琼　海	Qionghai	44.27	35.70	8.57	17.98	1.87
儋　州	Danzhou	82.95	62.22	20.73	31.31	3.87
琼　山	Qiongshan	66.21	51.23	14.98	28.53	4.01
文　昌	Wenchang	52.99	44.26	8.73	20.98	2.24
万　宁	Wanning	54.60	46.64	7.96	18.05	2.59
澄　迈	Chengmai	46.11	37.44	8.67	15.74	2.70
临　高	Lingao	39.90	33.46	6.44	15.56	1.51
昌　江	Changjiang	22.51	15.73	6.78	8.54	2.14
东　方	Dongfang	35.40	27.43	7.97	15.05	2.28
乐　东	Ledong	46.88	40.16	6.72	19.61	2.18
陵　水	Lingshui	31.86	26.32	5.54	14.28	1.41

1-11 全国主要海洋产业总产值和增加值(1999年)
Gross Output Value and Added Value of Major Marine Industries, 1999

海洋产业 Marine Industry	总产值 (亿元) Gross Value (100 million yuan)	比上年增长(%) (按1990年不变价) Percentage of Increase (at 1990 Constant price)	增加值 (亿元) Added Value (100 million yuan)
合　计 **Total**	**3 651.30**	**7.8**	**2 022.20**
海洋水产 Marine Fisheries	1 998.83	5.1	1 319.19
海洋石油与天然气 Offshore Oil and Natural Gas	228.69	17.6	130.91
海滨砂矿 Beach Placer	0.89	48.3*	0.30
海洋盐业 Sea Salt Industry	82.70	14.8	43.55
沿海造船 Coastal Shipbuilding	249.03	11.4	54.58
海洋交通运输 Maritime Transportation	572.78	8.2*	252.02
滨海国际旅游 Coastal International Tourism	518.38	9.9	221.65

注：*按当年价计算。

Note: *These data are calculated at current price.

1-12 沿海地区主要海洋

Gross Output Value of Major Marine

地　区 Region	合 计 Total	海 洋 水 产 Marine Fisheries	海洋石油与天然气 Offshore Oil and Natural Gas
全国总计 Total	**3 651.30**	**1 998.83**	**228.69**
天　津 Tianjin	103.54	6.22	36.36
河　北 Hebei	56.60	35.43	
辽　宁 Liaoning	277.97	192.35	3.03
上　海 Shanghai	519.14	12.10	0.45
江　苏 Jiangsu	142.46	110.76	
浙　江 Zhejiang	373.24	295.53	
福　建 Fujian	393.15	319.83	
山　东 Shandong	734.90	568.58	21.24
广　东 Guangdong	896.05	315.64	167.61
广　西 Guangxi	99.59	94.75	
海　南 Hainan	54.66	47.64	

产业总产值（1999年）

Industries of Coastal Regions, 1999

单位：亿元 Unit: 100 million yuan

海滨砂矿 Beach Placer	海洋盐业 Sea Salt Industry	沿海造船 Coastal Shipbuilding	海洋交通运输 Maritime Transportation	滨海国际旅游 Coatal International Tourism
0.89	**82.70**	**249.03**	**572.78**	**518.38**
—	5.02	2.54	36.11	17.29
—	7.12	3.45	5.04	5.56
—	4.56	51.79	10.40	15.84
—	—	87.56	306.20	112.83
—	6.88	11.27	9.44	4.11
	0.89	14.75	32.94	29.13
	0.61	17.56		55.15
0.02	55.91	24.19	47.65	17.31
0.61	0.87	35.92	121.48	253.92
0.02	0.46		3.52	0.84
0.24	0.38			6.40

1-13 海洋社会劳动者人数（1999年）
Marine Social Labor Force, 1999

单位：人 Unit: Person

地 区 Region	合 计 Total	海洋水产 Marine Fisheries	海洋石油与天然气 Offshore Oil and Natural Gas	海滨砂矿 Beach Placer
合 计 Total	**3 698 727**	**2 413 068**	**24 874**	**3 206**
天 津 Tianjin	81 119	9 345	8 500	—
河 北 Hebei	178 278	56 888	—	—
辽 宁 Liaoning	309 163	231 984	279	—
上 海 Shanghai	230 978	7 802	129	—
江 苏 Jiangsu	253 137	183 925	—	102
浙 江 Zhejiang	518 000	442 334	—	
福 建 Fujian	494 339	374 579	—	
山 东 Shandong	733 838	496 411	8 836	83
广 东 Guangdong	607 911	357 915	7 130	818
广 西 Guangxi	129 574	117 878①	—	102
海 南 Hainan	162 386	39 796	—	2 101①

续表1 continued

地 区 Region	海洋盐业 Sea Salt Industry	沿海造船 Coastal Shipbuilding	海洋交通运输 Maritime Transportion
合 计 Total	**231 103**	**121 791**	**328 375**
天 津 Tianjin	12 063	7 500 42 412	23 317
河 北 Hebei	78 574	4 230	20 922
辽 宁 Liaoning	15 928	19 986	6 518
上 海 Shanghai	—	41 812	99 546
江 苏 Jiangsu	32 854	6 145	12 972
浙 江 Zhejiang	9 247		
福 建 Fujian	10 716	9 530	
山 东 Shandong	57 889	17 470	56 629
广 东 Guangdong	6 839	15 118	98 849
广 西 Guangxi	3 300	—	9 622
海 南 Hainan	3 693	39 796	

续表2 continued

地 区 Region	滨海国际旅游 Coastal International Tourism	海洋环保 Marine Environmental Protection	海洋科研服务 Marine Science Research Service
合 计 Total	**510 997**	**9 689**	**14 298**②
天 津 Tianjin	16 267	1 418	2 709
河 北 Hebei	9 065	8 186	413
辽 宁 Liaoning	27 189	6 376	903
上 海 Shanghai	77 159	1 987	2 543
江 苏 Jiangsu	9 208	6 637	1 294
浙 江 Zhejiang	61 513	3 718	1 188
福 建 Fujian	39 120	3 046	719
山 东 Shandong	41 030	10 364	2 906
广 东 Guangdong	202 701	6 269	1 499
广 西 Guangxi	6 317	1 853	124
海 南 Hainan	21 428	1 161	

注：①为上年资料　　②中包含其他地方部分资料。

Note: ①last year's data;　②Also includes data of other regions.

1-14　主要海上活动船舶（1999年）
Maritime Vessels Operating on the Sea, 1999

类　别 Type	艘数（艘） Number of Vessels	总吨 grt（万吨位） 10000nwt	净载重量 Net Weight Tonnage（万吨位） 10000nwt	载客量（客位） Passenger Spaces	总功率（千瓦） Total Power（Kw）
合　计　Total	**290 755**	**2 620.27**	**2 722.32**	**159 053**	**25 187 625**
海洋运输船舶 **Maritime Transport Vessels**	**10 567**	**2 056.25**	**2 722.32**	**159 053**	**13 298 984**
海洋油气合计 **Offshore Oil and Gas**	**153**				
钻井船 Drilling Vessels	13				
物探船 Physical Exploration Vessels	8				
其　他 Others	132				
海洋地质勘探船 **Marine Geology Survey Vessels**	**11**				
海洋渔业 **Marine Fishing Vessels**	**279 994**	**560.04**			**11 801 492**
机动渔船 Motorized Fishing Vessels	279 994	560.04			11 801 492
其中：生产渔船 Productive Vessels	271 110	531.41			11 271 472
海洋管理与科研 **Marine Management and Science Research**	**31**	**3.98**			**87 149**
调查船 Marine Survey Vessels	8	1.54			31 035
其中：中国科学院 Chinese Acadamy of Sciences	7	0.97			23 335
国家海洋局 State Oceanic Administration	1	0.57			7 700
海监船 Marine Monitoring Vessels	23	2.44			56 114

注：海洋油气船舶仅为中国海洋石油总公司所属。

Note: Offshore oil and gas vessels only include the China National Offshore Oil Corp. 's vessels.

二 海洋水产

MARINE FISHERIES

2-1 海洋水产生产情况
Survey of Marine Aquatic Production

项 目 Item		1997	1998	1999
一、海水产品产量 Total Seawater Aquatic Products		**21 764 233**	**23 567 168**	**24 719 208**
1. 海洋捕捞产量（吨） Marine Catches(ton)		**13 853 804**	**14 966 765**	**14 976 223**
按海域分： By Sea Area:	渤海 Bohai Sea	1 290 771	1 618 361	1 624 517
	黄海 Huanghai Sea	3 351 737	3 425 452	3 477 667
	东海 East China Sea	4 999 711	5 538 147	5 455 929
	南海 South China Sea	3 135 651	3 437 447	3 459 653
	其他海域 Other Sea Areas	1 075 934	947 358	958 457
按品种分： By Species:	鱼类 Fish	9 387 388	10 253 010	10 242 321
	虾蟹类 Shrimp-Prawns and Crab	2 094 639	2 371 644	2 504 410
	贝类(软体类) Shell-fish	1 730 848	1 702 076	1 650 078
	藻类 Algae	18 427	17 052	21 555
	其他 Others	622 502	622 983	551 859
2. 海水养殖产量（吨） Mariculture Production(ton)		**7 910 429**	**8 600 403**	**9 742 985**
按水面类型分： By Type of Water Surface:	浅海 Shallow Sea	3 718 829	3 988 263	4 419 357
	港湾 Bay	484 020	599 003	665 223

续表 continued

项 目	Item	1997	1998	1999
	滩涂 Tidal Flat	3 707 580	4 013 137	4 658 405
按品种分： By Species：	鱼类 Fish	254 979	306 697	338 805
	虾蟹类 Shrimp, Prawns and Crab	161 601	214 300	226 395
	贝类(软体类) Shell-fish	6 510 978	7 002 498	7 934 771
	藻类 Algae	961 365	1 024 172	1 172 838
	其他 Others	21 506	52 736	30 176
二、海水养殖面积 **Mariculture Area**	**（千公顷）** **（khm^2）**	**938**	**1 004**	**1 094**
按水面类型分： By Type of	浅海 Shallow Sea	168	195	263
Water Surface:	港湾 Bay	180	191	201
	滩涂 Tidal Flat	590	619	630
按品种分： By Species：	鱼类 Fish	67	68	71
	虾蟹类 Shrimp, Prawns and Crab	198	219	238
	贝类（软体类） Shell-fish	620	658	711
	藻类 Algae	42	48	54
	其他 Others	11	11	20
三、海洋水产加工 **Marine Aquatic Products Processing**				
水产品加工能力（万吨/年） Capacity of Aquatic Processing (10000 tons/a)		686	913	1 099
水产品加工总量（万吨） Total Output of Processed Aquatic Products (10000 tons)		453	544	610

2-2 沿海地区海洋捕捞产量
Marine Catches by Coastal Regions

单位：吨　Unit: ton

地　区	Region	1997	1998	1999
全国总计	**National Total**	13 853 804	14 966 765	14 074 182
天　津	**Tianjin**	**28 540**	**29 647**	**34 055**
塘　沽	Tanggu	9 015		10 162
汉　沽	Hangu	11 212		10 629
大　港	Dagang	1 505		1 378
河　北	**Hebei**	**261 222**	**302 190**	**328 323**
丰　南	Fengnan	22 843	25 023	30 195
滦　南	Luannan	62 066	71 338	84 100
乐　亭	Leting	48 671	69 626	10 661
唐　海	Tanghai	1 035	1 742	
昌　黎	Changli	16 274	26 643	22 143
抚　宁	Funing	11 190	15 894	16 187
海　兴	Haixing	3 550	4 061	4 198
黄　骅	Huanghua	64 600	82 922	83 392
辽　宁	**Liaoning**	**1 456 736**	**1 606 107**	**1 576 911**
长　海	Changhai	125 118	130 036	130 058
瓦房店	Wafangdian	143 345	158 808	158 683
普兰店	Pulandian	40 140	46 019	45 617
庄　河	Zhuanghe	100 011	117 488	117 078
东　港	Donggang	70 799	75 669	75 133
凌　海	Linghai	35 901	43 161	41 776
盖　州	Gaizhou	53 066	62 679	59 435
大　洼	Dawa	34 500	53 300	44 000
盘　山	Panshan	11 850	11 300	13 800
绥　中	Suizhong	71 739	85 472	96 697
兴　城	Xingcheng	70 400	85 391	75 592

续表1 continued

地 区	Region	1997	1998	1999
上 海	**Shanghai**	**160 895**	**120 773**	**122 011**
宝 山	Baoshan	7 587	7 252	6 431
浦东新区	Pudong	650	800	578
南 汇	Nanhui	10 084	9 849	8 721
奉 贤	Fengxian	1 423	1 271	1 008
金 山	Jinshan	2 918	3 066	2 811
崇 明	Chongming	21 540	21 844	21 203
江 苏	**Jiangsu**	**711 395**	**707 796**	**683 172**
海 安	Haian	9 708	5 967	6 261
如 东	Rudong	115 358	90 886	90 834
海 门	Haimen	44 395	41 291	36 965
启 东	Qidong	200 726	202 617	247 583
通 州	Tongzhou	3 727	3 463	6 537
赣 榆	Ganyu	80 000	91 264	141 123
东 海	Donghai	9 150	10 650	10 127
灌 云	Guanyun	11 740	11 792	13 905
灌 南	Guannan	10 627	10 379	10 410
响 水	Xiangshui	26 485	28 616	34 168
滨 海	Binhai	16 984	17 715	18 965
射 阳	Sheyang	87 773	84 075	94 925
大 丰	Dafeng	21 078	22 292	39 463
东 台	Dongtai	37 320	41 826	54 382
浙 江	**Zhejiang**	**2 930 663**	**3 263 063**	**3 312 393**
象 山	Xiangshan	375 800	401 381	448 548
宁 海	Ninghai	18 000	18 017	18 000
余 姚	Yuyao	3 109	3 470	3 298
鄞 县	Yin	5 217	5 335	5 600
慈 溪	Cixi	4 668	4 855	5 293
奉 化	Fenghua	32 882	33 057	37 000
洞 头	Dongtou	118 592	130 175	131 069
平 阳	Pingyang	28 691	30 434	30 758
苍 南	Cangnan	123 798	126 077	141 749

续表2 continued

地 区	Region	1997	1998	1999
瑞 安	Ruian	83 150	98 858	116 518
乐 清	Yueqing	23 500	20 000	20 001
海 盐	Haiyan	786	209	
平 湖	Pinghu	3 564	4 649	
上 虞	Shangyu	6 719	6 570	
岱 山	Daishan	313 038	353 230	352 550
嵊 泗	Shengsi	204 916	227 848	222 537
临 海	Linhai	70 498	85 000	85 500
温 岭	Wenling	382 000	428 509	431 358
三 门	Sanmen	18 906	17 015	14 995
玉 环	Yuhuan	218 413	224 691	218 579
福 建	**Fujian**	**1 943 930**	**2 054 553**	**2 066 455**
山 东	**Shandong**	**2 974 701**	**3 325 599**	**3 325 182**
胶 州	Jiaozhou	26 150	28 603	28 809
即 墨	Jimo	92 817	124 721	125 000
胶 南	Jiaonan	88 283	107 890	107 890
垦 利	Kenli	20 390	26 193	32 660
利 津	Lijin	16 284	20 377	24 300
广 饶	Guangrao	19 350	27 510	35 000
海 阳	Haiyang	161 842	163 205	156 962
长 岛	Changdao	105 007	127 301	121 152
龙 口	Longkou	75 068	83 180	84 239
莱 阳	Laiyang	2 010	2 100	2 300
莱 州	Laizhou	110 115	151 800	163 945
蓬 莱	Penglai	233 222	256 612	256 612
招 远	Zhaoyuan	4 500	5 500	4 500
昌 邑	Changyi	44 461	44 727	44 576
寿 光	Shouguang	268 498	331 333	336 221
文 登	Wendeng	220 310	230 826	224 370
荣 成	Rongcheng	525 956	600 000	600 400
乳 山	Rushan	104 706	116 211	111 014
无 棣	Wudi	51 463	52 394	51 202
沾 化	Zhanhua	41 080	48 800	49 000

续表3 continued

地　区	Region	1997	1998	1999
广　东	**Guangdong**	1 922 077	1 954 500	1 945 157
番　禺	Panyu		16 354	
斗　门	Doumen		2 000	
潮　阳	Chaoyang		221 032	
澄　海	Chenghai		16 617	
南　澳	Nanao		88 885	
恩　平	Enping		360	
台　山	Taishan		195 182	
新　会	Xinhui		42 252	
吴　川	Wuchuan		12 030	
遂　溪	Suixi		146 998	
徐　闻	Xuwen		22 915	
廉　江	Lianjiang		59 101	
雷　州	Leizhou		83 889	
电　白	Dianbai		125 789	
惠　阳	Huiyang		10 620	
惠　东	Huidong		22 753	
海　丰	Haifeng		30 613	
陆　丰	Lufeng		162 078	
饶　平	Raoping		47 109	
揭　东	Jiedong		2 120	
惠　来	Huilai		64 509	
阳　东	Yangdong		65 825	
阳　西	Yangsi		172 792	
广　西	**Guangxi**	782 661	887 829	888 557
合　浦	Hepu			117 151
东　兴	Dongxing			36 627
海　南	**Hainan**	396 391	440 578	511 008

注：全国总计包含中国水产总公司的数据。省合计值中包含地级市市辖区的数据. 表2-3，2-4，2-5同.

Note: The National total includes the data of China Aquatic Corporation.The total of Coastal Provinces includes the data of districts under prefecture-level cities.(same in 2-3,2-4,2-5).

2-3 沿海地区海水养殖产量

Mariculture Production by Coastal Regions

单位：吨 Unit: ton

地 区	Region	1997	1998	1999
全国总计	**National Total**	**7 910 429**	**8 600 403**	**9 692 568**
天 津	**Tianjin**	**2 427**	**3 225**	**3 411**
塘 沽	Tanggu	811		1 013
汉 沽	Hangu	1 240		2 051
大 港	Dagang	264		322
河 北	**Hebei**	**77 100**	**82 727**	**95 106**
丰 南	Fengnan	2 548	3 288	3 170
滦 南	Luannan	17 323	13 952	15 613
乐 亭	Leting	23 950	31 342	36 000
唐 海	Tanghai	5 751	7 854	7 854
昌 黎	Changli	12 602	17 293	24 405
抚 宁	Funing	5 300	5 145	9 050
海 兴	Haixing	622	1 019	1 320
黄 骅	Huanghua	2 390	3 642	4 953
辽 宁	**Liaoning**	**1 123 079**	**1 208 011**	**1 391 553**
长 海	Changhai	110 024	130 137	170 085
瓦房店	Wafangdian	61 144	74 089	84 314
普兰店	Pulandian	66 473	71 107	79 508
庄 河	Zhuanghe	71 422	72 552	91 017
东 港	Donggang	54 643	70 113	85 632
凌 海	Linghai	37 944	37 326	43 148
盖 州	Gaizhou	26 694	25 776	34 631
大 洼	Dawa	35 550	20 150	26 896
盘 山	Panshan	34 631	28 780	19 220
绥 中	Suizhong	5 161	2 861	1 589
兴 城	Xingcheng	12 530	13 749	32 228

续表1 continued

地 区	Region	1997	1998	1999
上 海	**Shanghai**	**922**	**1 282**	**834**
南 汇	Nanhui	7	150	120
奉 贤	Fengxian	700	968	562
金 山	Jinshan	215	164	146
江 苏	**Jiangsu**	**139 243**	**174 309**	**219 391**
海 安	Haian	68	106	440
如 东	Rudong	28 555	39 032	50 430
海 门	Haimen	1 656	3 764	5 234
启 东	Qidong	31 072	32 143	36 726
通 州	Tongzhou	1 862	2 773	3 220
赣 榆	Ganyu	36 567	46 318	50 809
灌 云	Guanyun	383	500	1 120
灌 南	Guannan		15	35
响 水	Xiangshui	1 093	1 098	4 138
滨 海	Binhai	210	260	293
射 阳	Sheyang	7 009	10 011	12 085
大 丰	Dafeng	15 822	16 003	17 510
东 台	Dongtai	6 320	8 800	15 010
浙 江	**Zhejiang**	**389 010**	**464 935**	**581 699**
象 山	Xiangshan	24 080	33 108	47 607
宁 海	Ninghai	31 059	4 120	53 300
余 姚	Yuyao	106	280	428
鄞 县	Yin	1 315	1 885	2 216
慈 溪	Cixi	9 134	11 071	14 357
奉 化	Fenghua	8 735	10 157	16 367
洞 头	Dongtou	7 448	8 070	11 962
平 阳	Pingyang	1 821	1 528	1 619
苍 南	Cangnan	11 430	16 779	19 529
瑞 安	Ruian	3 550	3 466	4 118
乐 清	Yueqing	43 161	48 859	56 421
海 盐	Haiyan	54	76	

续表2 continued

地　区　Region	1997	1998	1999
平　湖　Pinghu	205	148	
上　虞　Shangyu	11	120	
岱　山　Daishan	2 618	3 332	4 410
嵊　泗　Shengsi	6 535	9 619	13 898
临　海　Linhai	7 321	9 327	14 650
温　岭　Wenling	66 589	68 463	78 931
三　门　Sanmen	35 470	57 612	82 515
玉　环　Yuhuan	94 662	99 943	107 954
福　建　Fujian	**1 881 591**	**2 200 634**	**2 418 949**
山　东　Shandong	**2 384 473**	**2 339 648**	**2 697 852**
胶　州　Jiaozhou	31 802	37 098	47 209
即　墨　Jimo	104 043	108 202	150 842
胶　南　Jiaonan	112 875	133 217	174 525
垦　利　Kenli	330	3 597	10 545
利　津　Lijin	3 300	4 900	5 300
广　饶　Guangrao	150	190	600
海　阳　Haiyang	97 375	103 143	109 485
长　岛　Changdao	189 390	85 761	84 666
龙　口　Longkou	90 932	94 006	98 650
莱　阳　Laiyang	3 608	5 350	5 967
莱　州　Laizhou	152 915	130 000	118 340
蓬　莱　Penglai	103 080	99 688	99 688
招　远　Zhaoyuan	28 500	9 300	5 000
昌　邑　Changyi	6 557	6 120	5 961
寿　光　Shouguang	420	4 578	727
文　登　Wendeng	169 102	174 219	190 398
荣　成　Rongcheng	386 172	416 013	463 261
乳　山　Rushan	190 815	206 701	220 582
无　棣　Wudi	5 567	10 009	14 006
沾　化　Zhanhua	930	11 000	17 032

续表3 continued

地 区	Region	1997	1998	1999
广 东	**Guangdong**	**1 384 521**	**1 507 532**	**1 608 533**
番 禺	Panyu		37 540	
斗 门	Doumen		8 064	
潮 阳	Chaoyang		14 706	
澄 海	Chenghai		13 272	
南 澳	Nanao		13 443	
恩 平	Enping		750	
台 山	Taishan		241 207	
新 会	Xinhui		3 250	
雷 州	Leizhou		57 426	
吴 川	Wuchuan		1 598	
遂 溪	Suixi		107 549	
徐 闻	Xuwen		13 521	
廉 江	Lianjiang		10 705	
电 白	Dianbai		206 948	
惠 阳	Huiyang		2 675	
惠 东	Huidong		25 926	
海 丰	Haifeng		44 007	
陆 丰	Lufeng		42 101	
饶 平	Raoping		67 572	
揭 东	Jiedong		2 295	
惠 来	Huilai		5 292	
阳 东	Yangdong		50 544	
阳 西	Yangsi		120 932	
广 西	**Guangxi**	**498 209**	**573 641**	**665 703**
合 浦	Hepu			238 891
东 兴	Dongxing			42 300
海 南	**Hainan**	**29 874**	**44 459**	**59 954**

2-4 沿海地区海水养殖面积
Mariculture Area by Coastal Regions

单位：公顷 Unit: hm^2

地 区	Region	1997	1998	1999
全国总计	**National Total**	**937 933**	**1 003 530**	**1 094 946**
天 津	**Tianjin**	**5 195**	**4 473**	**4 302**
塘 沽	Tanggu	1 826		1 777
汉 沽	Hangu	1 060		1 129
大 港	Dagang	1 962		1 268
河 北	**Hebei**	**51 567**	**70 751**	**59 891**
丰 南	Fengnan	1 420	1 267	1 399
滦 南	Luannan	6 134	24 646	25 111
乐 亭	Leting	25 367	25 550	8 000
唐 海	Tanghai	4 219	4 206	4 206
昌 黎	Changli	4 761	6 176	6 719
抚 宁	Funing	439	342	1 616
海 兴	Haixing	3 499	3 667	3 754
黄 骅	Huanghua	2 638	4 897	4 839
辽 宁	**Liaoning**	**191 917**	**201 145**	**229 489**
长 海	Changhai	7 479	10 827	25 067
瓦房店	Wafangdian	24 404	24 937	25 243
普兰店	Pulandian	7 984	7 765	7 715
庄 河	Zhuanghe	26 729	20 303	21 643
东 港	Donggang	30 161	34 271	37 941
凌 海	Linghai	15 605	15 613	16 097
盖 州	Gaizhou	10 901	14 147	13 864
大 洼	Dawa	19 734	20 000	21 760
盘 山	Panshan	6 545	4 934	8 133
绥 中	Suizhong	1 552	856	1 229
兴 城	Xingcheng	5 467	6 039	9 080

续表1 continued

地 区	Region	1997	1998	1999
上 海	**Shanghai**	**605**	**602**	**705**
南 汇	Nanhui	12	17	36
奉 贤	Fengxian	433	434	479
金 山	Jinshan	162	152	187
江 苏	**Jiangsu**	**105 760**	**110 047**	**115 167**
海 安	Haian	100	200	607
如 东	Rudong	37 333	37 453	37 473
海 门	Haimen	654	800	813
启 东	Qidong	14 113	13 953	17 087
通 州	Tongzhou	2 747	2 813	3 047
赣 榆	Ganyu	10 680	10 727	11 267
灌 云	Guanyun	740	500	480
灌 南	Guannan		24	33
响 水	Xiangshui		1 382	1 601
滨 海	Binhai		593	511
射 阳	Sheyang		7 393	7 607
大 丰	Dafeng	17 467	17 667	17 666
东 台	Dongtai	15 360	15 333	20 033
浙 江	**Zhejiang**	**63 718**	**70 182**	**87 512**
象 山	Xiangshan	5 067	5 675	7 353
宁 海	Ninghai	7 840	8 522	11 035
余 姚	Yuyao	40	84	102
鄞 县	Yin	410	483	584
慈 溪	Cixi	3 642	4 702	7 310
奉 化	Fenghua	1 338	1 436	1 961
洞 头	Dongtou	1 858	2 032	2 888
平 阳	Pingyang	185	268	404
苍 南	Cangnan	2 337	3 132	3 465
瑞 安	Ruian	1 059	1 630	2 055
乐 清	Yueqing	7 804	7 240	7 609
海 盐	Haiyan	27	35	

续表2 continued

地　区	Region	1997	1998	1999
平　湖	Pinghu	105	87	
上　虞	Shangyu	37	200	
岱　山	Daishan	1 248	1 359	1 684
嵊　泗	Shengsi	113	219	316
临　海	Linhai	1 409	6 372	2 097
温　岭	Wenling	6 937	6 810	8 349
三　门	Sanmen	6 704	8 409	8 133
玉　环	Yuhuan	8 185	4 389	10 425
福　建	**Fujian**	**104 632**	**114 880**	**122 034**
山　东	**Shandong**	**182 695**	**188 816**	**224 090**
胶　州	Jiaozhou	2 325	2 550	3 053
即　墨	Jimo	6 171	7 953	10 494
胶　南	Jiaonan	5 026	5 964	6 911
垦　利	Kenli	1 667	6 696	11 603
利　津	Lijin	7 000	8 400	9 066
广　饶	Guangrao	266	266	267
海　阳	Haiyang	6 342	6 154	6 291
长　岛	Changdao	2 640	2 424	1 896
龙　口	Longkou	1 800	1 866	1 866
莱　阳	Laiyang	1 409	1 410	1 633
莱　州	Laizhou	12 658	15 904	16 588
蓬　莱	Penglai	3 400	3 400	3 400
招　远	Zhaoyuan	400	260	160
昌　邑	Changyi	5 976	6 120	10 543
寿　光	Shouguang	3 400	4 578	14 067
文　登	Wendeng	7 672	7 591	7 913
荣　成	Rongcheng	14 992	15 835	16 089
乳　山	Rushan	5 735	6 000	600

续表3 continued

地 区	Region	1997	1998	1999
无 棣	Wudi	6 482	9 669	14 002
沾 化	Zhanhua	4 858	7 000	15 673
广 东	**Guangdong**	**171 003**	**176 444**	**180 089**
番 禺	Panyu		9 667	
斗 门	Doumen		1 459	
潮 阳	Chaoyang		1 411	
澄 海	Chenghai		5 202	
南 澳	Nanao		1 190	
恩 平	Enping		1 069	
台 山	Taishan		18 090	
新 会	Xinhui		1 418	
吴 川	Wuchuan		1 598	
遂 溪	Suixi		101 549	
徐 闻	Xuwen		13 521	
雷 州	Leizhou		57 426	
廉 江	Lianjiang		10 705	
电 白	Dianbai		11 286	
惠 阳	Huiyang		6 399	
惠 东	Huidong		1 191	
海 丰	Haifeng		10 485	
陆 丰	Lufeng		5 833	
饶 平	Raoping		3 899	
揭 东	Jiedong		438	
惠 来	Huilai		1 175	
阳 东	Yangdong		2 774	
阳 西	Yangsi		4 956	
广 西	**Guangxi**	**52 222**	**55 570**	**58 597**
合 浦	Hepu		16 640	17 127
东 兴	Dongxing		4 470	5 000
海 南	**Hainan**	**8 483**	**10 620**	**13 070**

2-5 沿海地区海洋水产业总产值

Gross Output Value of Marine Fisheries by Coastal Regions

单位：万元　Unit: 10 000 yuan

地　区	Region	1997	1998	1999
全国总计	**Total**	**15 685 084**	**17 721 117**	**19 988 361**
天　津	**Tianjin**	**41 915**	**55 278**	**62 198**
塘　沽	Tanggu			426
汉　沽	Hangu			530
大　港	Dagang			20
河　北	**Hebei**	**293 672**	**307 101**	**354 321**
丰　南	Fengnan	42 410	39 549	89 333
滦　南	Luannan	38 713	40 465	47 706
乐　亭	Leting	90 372	45 526	45 525
唐　海	Tanghai	19 428	47 174	47 174
昌　黎	Changli	22 529	30 763	40 300
抚　宁	Funing	8 825	16 576	20 312
海　兴	Haixing	3 455	3 704	5 333
黄　骅	Huanghua	48 644	42 532	37 272
辽　宁	**Liaoning**	**1 416 422**	**1 685 685**	**1 923 474**
长　海	Changhai	119 494	107 109	108 322
瓦房店	Wafangdian	83 088	95 053	97 385
普兰店	Pulandian	98 915	131 435	89 250
庄　河	Zhuanghe	163 342	192 513	157 545
东　港	Donggang	122 559	134 305	163 764
凌　海	Linghai	33 335	36 485	45 683

续表1 continued

地 区	Region	1997	1998	1999
盖 州	Gaizhou	44 191	48 690	54 120
大 洼	Dawa	35 049	40 235	98 065
盘 山	Panshan	17 590	17 840	98 937
绥 中	Suizhong	23 940	41 173	40 218
兴 城	Xingcheng	22 486	38 671	55 580
上 海	**Shanghai**	**145 852**	**126 387**	**120 999**
浦 东	Pudong	582	762	561
宝 山	Baoshan	6 793	7 267	6 426
南 汇	Nanhui	6 638	7 099	6 009
奉 贤	Fengxian	5 841	10 349	3 056
金 山	Jinshan	4 288	4 378	1 760
崇 明	Chongming	15 831	18 229	17 955
江 苏	**Jiangsu**	**993 848**	**1 051 047**	**1 107 632**
海 安	Haian	15 565	5 905	5 900
如 东	Rudong	169 769	130 857	137 600
海 门	Haimen	52 759	55 111	45 415
启 东	Qidong	261 962	305 455	332 100
通 州	Tongzhou	7 094	6 619	7 380
赣 榆	Ganyu	155 382	180 663	205 430
灌 云	Guanyun	16 070	23 977	24 204
灌 南	Guannan		9 605	8 601
响 水	Xiangshui	11 863	22 610	26 254
滨 海	Binhai	24 687	24 941	25 874
射 阳	Sheyang	103 900	96 722	84 872
大 丰	Dafeng	60 026	67 630	18 419
东 台	Dongtai	37 579	55 103	51 988

续表2 continued

地 区	Region	1997	1998	1999
浙 江	**Zhejiang**	**2 648 883**	**2 792 012**	**2 955 323**
象 山	Xiangshan		368 837	
宁 海	Ninghai		52 695	
鄞 县	Yin		8 231	
慈 溪	Cixi		24 619	
奉 化	Fenghua		44 954	
洞 头	Dongtou		59 569	
永 嘉	Yongjia			
平 阳	Pingyang		8 807	
苍 南	Cangnan		90 937	
瑞 安	Ruian		89 360	
乐 清	Yueqing		98 096	
海 盐	Haiyan		923	
海 宁	Haining		52 695	
平 湖	Pinghu		5 348	
上 虞	Shangyu		6 520	
岱 山	Daishan		147 021	
嵊 泗	Shengsi		86 623	
临 海	Linhai		58 086	
温 岭	Wenling		593 874	
三 门	Sanmen		53 736	
玉 环	Yuhuan		313 197	
余 姚	Yuyao		6 371	
福 建	**Fujian**	**2 225 600**	**2 598 791**	**3 198 274**

续表3 continued

地区	Region	1997	1998	1999
山东	**Shandong**	**4 477 153**	**5 197 460**	**5 685 765**
胶州	Jiaozhou	31 955	37 798	81 793
即墨	Jimo	99 427	133 953	162 484
胶南	Jiaonan	102 006	140 309	168 282
垦利	Kenli	9 120	17 610	17 340
利津	Lijin	10 387	14 368	17 069
广饶	Guangrao	5 200	8 150	8 980
海阳	Haiyang	203 013	159 819	156 381
长岛	Changdao	162 844	106 641	112 875
龙口	Longkou	76 851	93 532	101 741
莱阳	Laiyang	8 263	11 347	11 826
莱州	Laizhou	185 311	190 512	200 877
蓬莱	Penglai	184 983	227 917	227 866
招远	Zhaoyuan	23 952	7 074	5 877
昌邑	Changyi	24 990	52 830	36 535
寿光	Shouguang	109 368	116 167	103 401
文登	Wendeng	286 991	260 054	274 794
荣成	Rongcheng	614 947	726 208	872 792
乳山	Rushan	176 458	173 435	181 927
无棣	Wudi	78 680	81 255	72 090
沾化	Zhanhua		39 100	45 626
广东	**Guangdong**	**2 398 782**	**2 642 385**	**3 156 435**
广西	**Guangxi**	**732 409**	**883 128**	**947 513**
海南	**Hainan**	**310 548**	**381 870**	**476 427**

2-6 海洋水产业分类产值
Output Value of Marine Fisheries by Type

单位：亿元　Unit: 100 million yuan

项　目　　Item	1997	1998	1999
一、海洋水产总产值 **Gross Output Value of Marine Fisheries**	**1 568.51**	**1 772.12**	**1 998.83**
其中：　海水产品产值 include:　Seawater Aquatic Products	1 075.10	1 178.91	1 269.21
海洋水产工业产值 Marine Aquatic Poducts Industry	493.41	593.21	729.09
二、海洋水产增加值 **Added Value of Marine Fisheries**	**832.55**	**979.98**	**1 319.19**

2-7 海洋机动渔船年末拥有量
Marine Motorized Fishing Vessels by the End of Year

项目 Inem	单位 Unit	1997	1998	1999
机动渔船： Motorized Fishing Vessel:	艘数（艘） Number	282 504	283 218	279 994
	总吨位（吨） Grt(ton)	5 257 964	5 446 956	5 600 419
	总功率（千瓦） Power(kW)	11 218 769	11 801 492	12 180 709
其中:机动生产渔船： Productive Vessel:	艘数（艘） Number	273 873	274 298	271 110
	总吨位（吨） Grt(ton)	4 979 852	5 143 630	5 314 074
	总功率（千瓦） Power(kW)	10 730 653	11 271 472	11 635 432
远洋渔船： Ocean-going Fishing Vessel:	艘数（艘） Number	1 302	1 262	1 652
	总吨位（吨） Grt(ton)	386 414	424 197	532 430
	总功率（千瓦） Power(kW)	1 039 579	804 774	839 074

2-8 海洋群众渔业组织、人口、劳动力情况

Non-Governmental Fishery Organization, Population and Labour Force

项目 Inem	单位 Unit	1997	1998	1999
渔业乡	个	336	330	327
Townships	Number			
渔业村	个	3 958	4 133	3 978
Villages	Number			
渔业人口	万人	518.12	537.26	513.77
Population	10^4 Persons			
渔业劳动力	万人	268.16	271.14	229.51
Labours	10^4 Persons			
专业劳动力	万人	192.28	194.27	188.96
Full-time labourers	10^4 Persons			
兼业劳动力	万人	75.88	76.86	40.55
Part-time labourers	10^4 Persons			

三 海洋石油和天然气

OFFSHORE OIL AND NATURAL GAS

3-1 海洋石油天然气工业总产值
Gross Output Value of Offshore Oil and Natural Gas Industry

单位：万元　Unit: 10 000 yuan

部门和地区 Sector and Region	1997	1998	1999
合　计 Total	**2 480 501**	**1 855 853**	**2 286 930**
按部门分：By Sector:			
中国海洋石油总公司CNOOC	2 155 476	1 542 342	1 958 073
中国石油天然气集团公司CNPC	325 025	101 306	116 390
中国石油化工集团公司SINOPEC		212 205	212 467
按地区分：By Region:			
天　津 Tianjin	399 729	273 015	363 584
辽　宁 Liaoning	22 365	24 534	30 268
上　海 Shanghai	4 471	6 180	4 477
山　东 Shandong	123 069	212 205	212 467
广　东 Guangdong	1 930 867	1 339 919	1 676 134

3-2 海洋石油天然气工业增加值
Added Value of Offshore Oil and Natural Gas Industry

单位：万元　Unit:10 000 yuan

部门和地区 Sector and Region	1997	1998	1999
合　计 Total	**1 262 722**	**924 645**	**1 309 085**
按部门分：By Sector:			
中国海洋石油总公司CNOOC	1 021 566*	812 906*	1 086 931*
中国石油天然气集团公司CNPC	241 156	84 239	95 312
中国石油化工集团公司SINOPEC		27 500	126 842
按地区分：By Region:			
天　津 Tianjin	303 820	319 661	350 331
辽　宁 Liaoning	14 244	20 799	22 028
上　海 Shanghai	528	7 001	3 531
山　东 Shandong	92 000	27 500	126 842
广　东 Guangdong	705 970	461 116	705 291

注：*中还包括其他地区的部分资料。

Note: *Also includes datas of other regions.

3-3 海洋原油产量
Output of Offshore Crude Oil

单位：万吨 Unit: 10 000 tons

部门和地区 Sector and Region	1997	1998	1999
合 计 Total	**1 967.96**	**1 893.09**	**1 891.23**
按部门分：By Sector:			
中国海洋石油总公司CNOOC	1 628.96	1 612.09	1 589.20
中国石油天然气集团公司CNPC	339.00	100.00	101.00
中国石油化工集团公司SINOPEC		181.00	201.03
按地区分：By Region:			
天 津 Tianjin	377.59	328.34	334.29
辽 宁 Liaoning	22.30	23.00	28.00
上 海 Shanghai		5.02	56.47
山 东 Shandong	150.00	181.00	201.03
广 东 Guangdong	1 418.07	1 355.73	1 271.44

3-4 海洋天然气产量
Output of Offshore Natural Gas

单位：万立方米 Unit: 10 000 m^3

部门和地区 Sector and Region	1997	1998	1999
合 计 Total	**440 476**	**419 086**	**477 601**
按部门分：By Sector:			
中国海洋石油总公司CNOOC	404 930	386 357	439 195
中国石油天然气集团公司CNPC	35 546	31 790	36 501
中国石油化工集团公司SINOPEC		939	1 905
按地区分：By Region:			
天 津 Tianjin	67 481	67 508	76 360
辽 宁 Liaoning	4 478	4 784	7 653
上 海 Shanghai			16 613
山 东 Shandong	524	939	1 905
广 东 Guangdong	367 993	345 855	375 070

3-5　海洋原油产值
Output Value of Offshore Crude Oil

单位：万元　Unit: 10 000 yuan

部门和地区 Sector and Region	1997	1998	1999
合　计　Total	**2 176 897**	**1 457 583**	**1 857 821**
按部门分：By Sector:			
中国海洋石油总公司CNOOC	1 867 772	1 224 007	1 602 099
中国石油天然气集团公司CNPC	309 125	86 392	98 799
中国石油化工集团公司SINOPEC		147 184	156 923
按地区分：By Region:			
天　津　Tianjin	361 455	218 264	295 937
辽　宁　Liaoning	19 014	21 073	26 113
山　东　Shandong	122 850	147 184	156 923
广　东　Guangdong	1 673 578	1 071 062	1 378 848

3-6　海洋天然气产值
Output Value of Offshore Natural Gas

单位：万元　Unit: 10 000 yuan

部门和地区 Sector and Region	1997	1998	1999
合　计　Total	**288 434**	**299 529**	**320 987**
按部门分：By Sector:			
中国海洋石油总公司CNOOC	272 676	284 648	303 466
中国石油天然气集团公司CNPC	15 758	14 881	17 521
中国石油化工集团公司SINOPEC			
按地区分：By Region:			
天　津　Tianjin	33 262	38 024	46 355
辽　宁　Liaoning	3 209	3 428	4 085
山　东　Shandong	219		
广　东　Guangdong	251 744	258 077	270 547

3-7 海洋原油出口量及创汇额
Export Volume and Foreign-Exchange Earnings of Offshore Crude Oil

单位: 万吨, 万美元

Unit: 10 000 tons, 10 000 US$

地 区 Region	1997		1998		1999	
	出口量 Export Volume	创汇额 Foreign-Exchange Earnings	出口量 Export Volume	创汇额 Foreign-Exchange Earnings	出口量 Export Volume	创汇额 Foreign-Exchange Earnings
合 计 Total	**576.76**	**47 887**	**467.28**	**34 158**	**246.26**	**25 286**
中国海洋石油总公司 CNOOC	576.76	47 887	**467.28**	34 158	246.26	25 286
天 津 Tianjin	8.92	1 195	5.12	477	4.72	736
广 东 Guangdong	567.84	46 692	462.16	33 681	241.54	24 550

3-8 海洋油田生产井概况（1999年）
Survey of Offshore Oilfield Production Wells,1999

单位：口 Unit: number

部门和地区 Sector and Region	合计 Total	采油井 Oil Wells	采气井 Gas Wells	注水井 Injection Wells	其他井 Others
合计 Total	**895**	**726**	**61**	**27**	**81**
按部门分：By Sector:					
中国海洋石油总公司 CNOOC	420	365	24	23	8
中国石油天然气集团公司 CNPC	265	155	37	0	73
中国石油化工集团公司 SINOPEC	210	206	0	4	0
按地区分：By Region:					
天 津 Tianjin	269	201	42	18	8
辽 宁 Liaoning	205	125	7	0	73
山 东 Shandong	210	206	0	4	0
上 海 Shanghai	8	5	3	0	0
广 东 Guangdong	203	189	9	5	0

3-9 海洋石油勘探工作量（1999年）
Work Volume of Offshore Oil Exploration, 1999

部门和地区 Sector and Region	自营 Self-managing			合作 Corporative		
	地震测线（公里）	钻井（口） Drilling (Well)		地震测线（公里）	钻井（口） Drilling(Well)	
	Seismic Line (km)	预探井 Wildcat Wells	评价井 Appraisal Wells	Seismic Line (km)	预探井 Wildcat Wells	评价井 Appraisal Wells
合　计 Total	**94 572**	**11**	**12**	**56 134**	**12**	**6**
按部门分： By Sector:						
中国海洋石油总公司 CNOOC	92 316	3	3	56 134	11	5
中国石油天然气集团公司 CNPC	219	6	4	0	0	0
中国石油化工集团公司 SINOPEC	2 037	2	5	0	1	1
按地区分： By Region:						
天　津 Tianjin	31 458	4	5	1 376	5	4
辽　宁 Liaoning	95	3	1	0	0	0
山　东 Shandong	2 037	2	5	0	1	1
上　海 Shanghai	24 881	0	0	0	0	0
广　东 Guangdong	36 101	2	1	54 758	6	1

CNOOC：CHINA NATIONAL OFFSHORE OIL CORP.
CNPC：CHINA NATIONAL PETROLEUM CORP.
SINOPEC:　CHINA PETROCHEMICAL CORP.

四海滨砂矿

BEACH PLACER

4－1　海滨砂矿产量（1999年）
Output of Beach Placer, 1999

单位：吨　Unit: ton

合 计 Total	山　东 Shandong	广　东 Guangdong	广　西 Guangxi	海　南 Hainan
230 588	60 000	97 982	16 500	56 106

4－2　海滨砂矿工业总产值和增加值
Gross Output Value and Added Value of Beach Placer Industry

单位：万元　Unit：10 000 yuan

地　区 Region		工业总产值 Gross Output Value of Industy			工业增加值 Added Value of Industy		
		1997	1998	1999	1997	1998	1999
合　计	Total	8 840	6 037	8 890	2 210	2 175	3 030
山　东	Shandong		141	165		37	49
广　东	Guangdong	1 800	3 326	6 113	450	1 320	3 247
广　西	Guangxi	2 714	159	168	679		
海　南	Hainan	4 326	2 338	2 444	1 081	818	855

注：表4-2 中1997年资料只包括稀有金属矿产品产值。

Note：The data of 1997 in table 4-2 only include the output value of rare metals mining products.

五海洋盐业

SEA SALT INDUSTRY

5-1 沿海地区海盐产量
Output of Sea Salt by Coastal Regions

单位：万吨　Unit: 10 000 tons

地　区　Region	1997	1998	1999
合　计　Total	**2 073.5**	**1 558.3**	**2 051.4**
天　津　Tianjin	231.9	223.7	242.7
河　北　Hebei	397.0	325.9	395.7
辽　宁　Liaoning	257.3	175.7	284.7
江　苏　Jiangsu	293.4	183.0	216.6
浙　江　Zhejiang	38.8	38.6	31.0
福　建　Fujian	30.1	50.4	41.5
山　东　Shandong	796.7	497.8	785.1
广　东　Guangdong	12.1	22.2	25.8
广　西　Guangxi	7.3	20.8	15.3
海　南　Hainan	8.9	20.2	13.0

5-2 盐业主要化工产品产量

Output of Principal Species in the Salt Industry

单位：吨 Unit：ton

地 区 Region		合 计 Total	天 津 Tianjin	河 北 Hebei	辽 宁 Liaoning	江 苏 Jiangsu	山 东 Shandong
氯化钾 Potassium Chloride	1997	37 366	15 752	7 425	5 342	8 847	
	1998	26 331	14 005	6 952	2 281	4 093	
	1999	34 017	13 196	7 123	6 565	7 133	
工业溴 Industrial Bromine	1997	50 565	2 745	2 096	437	992	44 295
	1998	49 248	2 567	1 828	491	364	43 998
	1999	56 622	2 546	3 244	787	516	49 529
无水硫酸钠 Anhydrous Sodium Sulphate	1997	29 292			11 961		17 331
	1998	100 384		71 132	14 304		14 948
	1999	14 233			3 492		10 741
氯化镁 Magnesium Chloride	1997	376 066①	130 331	71 132	41 966	91 240	41 377
	1998	282 501②	119 979	62 203	17 145	38 344	44 769
	1999	361 884③	122 204	70 370	52 107	64 781	52 422

注：①其中含有广东20吨。

②其中含有广东61吨。③其中含有广东10吨。

Note：① This data includes 20 tons of Guangdong province.

② This data includes 61 tons of Guangdong province.

③This data includes 10 tons of Guangdong province.

5-3 海盐工业总产值、增加值及利税总额
Gross Output Value, Added Value and Total Pre-Tax Profits of Sea Salt Industry

单位：万元 Unit：10 000 yuan

地 区 Region	1997		
	工业总产值 Gross Output Value of Industry	工业增加值 Added Value of Industry	利税总额 Total Pre-Tax Profits
合 计 Total	**793 451**	**351 100**	**88 524**
天 津 Tianjin	51 724	37 619	7 675
河 北 Hebei	72 588	47 012	15 812
辽 宁 Liaoning	211 679	119 203	2 299
江 苏 Jiangsu	61 677	38 167	9 984
浙 江 Zhejiang	6 137	3 668	- 998
福 建 Fujian	7 422	2 672	1 237
山 东 Shandong	372 206	100 005	55 986
广 东 Guangdong	5 131	866	-2 479
广 西 Guangxi	2 411	1 134	- 501
海 南 Hainan	2 474	754	- 491

续表1 continued

地 区 Region	1998 工业总产值 Gross Output Value of Industry	 工业增加值 Added Value of Industry	 利税总额 Total Pre-Tax Profits
合 计 Total	**749 948**	**386 357**	**93 569**
天 津 Tianjin	46 418	35 910	6 713
河 北 Hebei	59 083	40 643	13 581
辽 宁 Liaoning	32 616	13 336	3 324
江 苏 Jiangsu	67 644	34 835	11 500
浙 江 Zhejiang	10 951	4 148	1 207
福 建 Fujian	6 558	4 761	1 086
山 东 Shandong	510 071	242 908	56 519
广 东 Guangdong	7 078	4 450	-1 733
广 西 Guangxi	3 960	2 568	638
海 南 Hainan	5 569	2 798	734

续表2 continued

地 区 Region	1999 工业总产值 Gross Output Value of Industry	 工业增加值 Added Value of Industry	 利税总额 Total Pre-Tax Profits
合 计 Total	**826 946**	**435 830**	**120 982**
天 津 Tianjin	50 181	38 994	8 711
河 北 Hebei	71 234	46 089	19 012
辽 宁 Liaoning	45 597	21 138	5 148
江 苏 Jiangsu	68 833	38 696	8 470
浙 江 Zhejiang	8 917	2 788	1 759
福 建 Fujian	6 091	4 932	859
山 东 Shandong	559 069	273 699	74 519
广 东 Guangdong	8 657	5 179	1 295
广 西 Guangxi	4 576	3 015	988
海 南 Hainan	3 791	1 300	221

注：山东省资料中包含潍坊海洋化工集团的数据。

Note：The data of Shandong Province includes the data of the Weifang Marine Chemical Industry Group

5-4 沿海地区制盐
Survey of Sea Salt Industry

地　区 Region	盐田总面积 （公顷） Total Area of Salt Pan (hm^2)	生产面积 （公顷） Production Area (hm^2)	海盐产量 （万吨） Output of Sea Salt (10 000 tons)
合　计 Total	**451 848**	**583 287**	**2 041.0**
天　津 Tianjin	**38 917**	**37 481**	**242.7**
塘　沽 Tanggu	22 858	22 364	139.4
汉　沽 Hangu	13 986	13 310	93.8
大　港 Dagang	2 073	1 807	9.5
河　北 Hebei	**81 683**	**78 574**	**395.7**
唐　山 Tangshan	47 520	45 691	244.4
沧　州 Cangzhou	34 163	32 883	151.3
辽　宁 Liaoning	**57 771**	**53 070**	**284.7**
江　苏 Jiangsu	**87 469**	**57 115**	**216.6**
南　通 Nantong	5 124	2 415	5.8
盐　城 Yancheng	44 971	25 825	102.8
连云港 Lianyungang	37 374	28 875	160.0
浙　江 Zhejiang	**11 153**	**9 196**	**42.1**
宁　波 Ningbo	3 504	2 376	8.7
温　州 Wenzhou	348	330	0.7
舟　山 Zhoushan	4 289	4 129	14.3
台　州 Taizhou	3 012	2 363	7.6

工业生产情况（1999年）

by Coastal Regions, 1999

工业总产值（万元） Gross Output Value of Industry (10 000 yuan)	利税总额（万元） Total Pre-Tax Profits (10 000 yuan)	年末职工人数（人） Year-End Number of Staff and Workers (person)	年末海盐生产能力（万吨） Year-End Capacity of Sea Salt Production (10 000 tons)
826 945.9	**122 061.2**	**175 282**	**2 818.8**
50 181.0	**8 711.0**	**12 063**	**216.9**
27 953.0	4 851.0	5 475	118.1
20 649.0	3 792.0	6 540	90.0
1 579.0	68.0	48	8.8
71 234.0	**19 012.0**	**22 753**	**524.7**
48 261.0	14 886.0	14 323	301.8
22 973.0	4 126.0	8 430	222.9
45 597.0	**5 148.0**	**15 928**	**295.7**
68 833.0	**8 470.0**	**32 854**	**240.6**
6 149.0	283.0	1 801	7.0
22 444.0	3 416.0	11 286	
30 605.0	4 344.0	19 767	126.2
8 917.4	**1 759.0**	**9 247**	**42.1**
2 418.9	1 134.1	2 089	10.3
1 591.0	- 4.6	859	0.9
3 773.6	256.3	3 877	21.8
2 530.4	373.2	2 422	9.4

续表1　continued

地区 Region	盐田总面积 （公顷） Total Area of Salt Pan (hm^2)	生产面积 （公顷） Production Area (hm^2)	海盐产量 （万吨） Output of Sea Salt (10 000 tons)
福　建 Fujian	**15 254**	**11 944**	**41.50**
山　东 Shandong	**118 050**	**92 212**	**763.60**
潍　坊 Weifang	50 071	37 042	519.00
青　岛 Qingdao	10 627	8 410	44.30
日　照 Rizhao	820	634	2.90
东　营 Dongying	7 324	6 255	25.20
烟　台 Yantai	5 687	5 060	62.80
威　海 Weihai	4 690	2 350	13.80
滨　州 Binzhou	38 831	32 461	95.60
广　东 Guangdong	**10 991**	**7 226**	**25.84**
汕　头 Shantou	200	137	1.00
汕　尾 Shanwei	700	607	2.70
江　门 Jiangmen	315	159	0.57
阳　江 Yangjiang	847	334	1.62
湛　江 Zhanjiang	2 754	1 520	9.29
茂　名 Maoming	2 091	1 380	5.06
潮　州 Chaozhou	149	84	0.50
广　西 Guangxi	**4 745**	**3 256**	**15.29**
钦　州 Qinzhou	699	475	1.41
防城港 Fangchenggang	1 445	1 016	3.85
北　海 Beihai	2 602	1 765	8.67
海　南 Hainan	**25 815**	**233 213**	**12.96**

工业总产值（万元）Gross Output Value of Industry (10 000 yuan)	利税总额（万元）Total Pre-Tax Profits (10 000 yuan)	年末职工人数（人）Year-End Number of Staff and Workers (person)	年末海盐生产能力（万吨）Year-End Capacity of Sea Salt Production (10 000 tons)
6 091.0	**859.0**	**10 716**	**109.4**
559 068.5	**74 519.2**	**57 889**	**1 128.3**
322 701.0	40 972.0	32 384	679.0
113 593.5	15 566.4	11 448	50.9
22 561.0	2 124.5	3 096	4.0
6 456.0	397.4	1 357	49.5
21 083.0	3 525.0	3 529	118.9
39 802.0	3 409.9	2 260	14.0
32 872.0	8 524.0	3 815	212.0
8 657.0	**1 295.0**	**6 839**	**27.3**
362.0	111.0	289	1.0
942.0	- 232.0	1 989	2.4
243.0	59.0	140	0.5
566.0	122.0	516	1.6
3 561.0	680.0	2 228	9.4
1 761.0	384.0	1 677	5.2
175.0			0.5
4 576.0	**988.0**	**3 300**	**12.8**
459.0	111.0	446	1.4
1 252.0	219.0	826	3.0
2 865.0	658.0	2 028	8.4
3 791.0	**1 300.0**	**3 693**	**221.0**

六沿海造船

COASTAL SHIPBUILDING

6-1 沿海造船业生产完成情况及职工人数（1999年）

Production and Staff & Workers in the Coastal Shipbuilding Industry, 1999

部门和地区 Sector and Region	修船完工量 （艘） Ships repaired (number)	造船完工量 Ships built 艘 number	 万综合吨 Comprehensive Tonnages (10 000 tons)	年末职工人数 （人） Year-End Number of Staff and Workers (person)
总　计 **Total**	**11 266**	**1 036**	**212.20**	**121 791**
内：中船工业集团公司 CSSC	374	83	88.83	49 187
中船重工集团公司 CSIC	373	45	97.29	33 661
按地区分: By Region:				
天　津 Tianjin	111	5	3.66	7 500
河　北 Hebei	251	51		4 230
辽　宁 Liaoning	48	32	90.66	19 986
上　海 Shanghai	1 182	57	61.61	41 812
江　苏 Jiangsu				6 145
福　建 Fujian	1 657	130	8.33	9 530
山　东 Shandong	5 718	661	21.29	17 470
广　东 Guangdong	2 299	100	26.65	15 118

6-2 沿海造船工业总产值和增加值
Gross Output Value and Added Value of Shipbuilding Industry in Coastal Regions

单位：亿元 Unit：100 million yuan

部门和地区 Sector and Region	1997		1998		1999	
	工业总产值 Gross Output Value of Industry	工业增加值 Added Value of Industry	工业总产值 Gross Output Value of Industry	工业增加值 Added Value of Industry	工业总产值 Gross Output Value of Industry	工业增加值 Added Value of Industry
总 计 Total	**227.71**	**49.61**	**238.10**	**53.65**	**249.03**	**54.38**
内：中船工业集团公司 CSSC	173.94*	34.85*	185.42*	41.37*	116.00	22.88
中船重工集团公司 CSIC					59.13	12.48
按地区分: By Region:						
天 津 Tianjin	9.00	0.71	7.63	0.64	2.54	…
河 北 Hebei	3.69	1.25	3.84	1.12	3.45	0.16
辽 宁 Liaoning	55.82	12.29	58.60	13.64	51.79	11.58
上 海 Shanghai	84.63	15.40	88.76	18.97	87.56	22.70
江 苏 Jiangsu	8.34	4.08	8.15	2.74	11.27	3.81
浙 江 Zhejiang	2.66	1.20	8.43		14.75	
福 建 Fujian	8.74	1.84			17.56	2.93
山 东 Shandong	23.93	5.52	30.20	7.84	24.19	6.03
广 东 Guangdong	30.78	7.32	32.49	8.70	35.92	7.17
广 西 Guangxi	0.12					
海 南 Hainan						

注：*为原中国船舶工业总公司数据，自1999年7月起该公司分为中国船舶工业集团公司和中国船舶重工集团公司。

Note: *data from the former China National Shipbuiding Industry Corporation (CNSIC). CNSIC was divided into CSSC and CSIC in July,1999.

七 海洋交通运输

MARITIME TRANSPORTATION

7-1 海洋货物运量

Maritime Freight Traffic

单位：万吨　Unit: 10 000 tons

部门和地区 Sector and Region	1997		1998		1999	
	货运量 Freight Traffic	远洋 Ocean-going	货运量 Freight Traffic	远洋 Ocean-going	货运量 Freight Traffic	远洋 Ocean-going
全国总计 National Total	45 745	21 793	46 025	20 863	47 714	22 621
交通部直属 Under the Ministry of Communications	28 420	16 418	28 060	15 510		
地方合计 Local Area Total	17 325	5 375	17 965	5 353		
天　津 Tianjin	382	243	375	182	3 833	3 687
河　北 Hebei	363	74	414	80	504	143
辽　宁 Liaoning	528	231	499	178	2 469	1 098
上　海 Shanghai	153	54	127	83	13 335	5 853
江　苏 Jiangsu	402	278	304	133	1 551	469
浙　江 Zhejiang	4 023	141	3 877	132	4 687	172
福　建 Fujian	2 770	650	2 885	524	3 313	
山　东 Shandong	1 530	593	1 374	469	3 001	1 998
广　东 Guangdong	4 996	2 748	5 696	3 208	9 788	4 350
广　西 Guangxi	236	143	242	131	188	92
海　南 Hainan	1 871	156	2 098	168	1 270	
其　他 Others	71	64	74	65	3 775	3 645

注：1999年各沿海地区数据包括原交通部直属企业资料,以下同。

Note: The data for the various coastal regions in 1999 include the data of the enterprises directly under the former Ministry of Communications, and the same below.

7-2 海洋货物周转量
Maritime Freight Ton-kilometers

单位：亿吨公里　Unit：100 million ton-km

部门和地区 Sector and Region	1997 合计 Total	1997 远洋 Oceangoing	1998 合计 Total	1998 远洋 Oceangoing	1999 合计 Total	1999 远洋 Oceangoing
全国总计 National Total	**17 733.1**	**15 247.1**	**18 016.3**	**15 254.8**	**19 843.7**	**17 014.3**
交通部直属 Under the Ministry of Communications	**15 851.5**	**14 371.9**	**16 126.3**	**14 473.4**		
地方合计 Local Area Total	**1 881.6**	**875.2**	**1 890.0**	**781.4**		
天　津 Tianjin	62.1	48.1	72.6	49.2	4 496.7	4 478.2
河　北 Hebei	70.8	36.4	80.7	39.0	180.8	132.8
辽　宁 Liaoning	135.1	61.5	121.5	48.8	452.7	322.0
上　海 Shanghai	14.1	7.4	12.8	9.8	5 275.5	4 336.9
江　苏 Jiangsu	83.8	64.2	82.3	45.7	267.1	156.0
浙　江 Zhejiang	373.1	36.0	372.2	44.4	458.8	53.7
福　建 Fujian	320.2	113.6	364.8	128.5	548.1	
山　东 Shandong	179.2	110.8	156.3	92.5	1 624.1	1 565.4
广　东 Guangdong	294.9	209.2	313.0	198.2	2 024.2	1 295.5
广　西 Guangxi	41.0	39.6	35.3	33.4	17.3	14.7
海　南 Hainan	273.6	116.1	236.2	51.0	139.5	
其　他 Others	33.7	32.3	42.3	40.9	4 358.9	4 342.3

7-3 海洋国际标准集装箱运量
Maritime Freight Volume of International Standardized Containers

单位：万 TEU，万吨

Unit：10 000 TEU,10 000 tons

部门与地区 Sector and Region	1997		1998		1999	
	箱数 Containers	重量 Weight	箱数 Containers	重量 Weight	箱数 Containers	重量 Weight
全国总计 National Total	**559.0**	**5 509.0**	**592.1**	**5 483.9**	**758.7**	**7 187.8**
交通部直属 Under the Ministry of Communications	**358.0**	**3 652.0**	**381.8**	**3 681.0**		
地方合计 Local Area Total	**201.0**	**1 857.0**	**210.3**	**1 802.9**		
河　北 Hebei	1.0	14.0	2.4	19.2	1.2	8.8
辽　宁 Liaoning	6.0	81.0			1.1	16.1
上　海 Shanghai	7.0	65.0	10.6	96.3	375.0	4 097.0
江　苏 Jiangsu	22.0	233.0	26.1	172.3	26.0	249.9
浙　江 Zhejiang	10.0	113.0	8.3	99.0	17.6	96.5
福　建 Fujian	24.0	224.0	24.7	212.4	45.3	480.2
山　东 Shandong	14.0	129.0	17.5	156.6	27.2	225.2
广　东 Guangdong	114.0	973.0	117.1	1 005.7	251.4	1 873.3
广　西 Guangxi	1.0	8.0	1.0	9.0	2.0	14.8
海　南 Hainan					8.2	77.0
其　他 Others	2.0	17.0	2.6	32.4	3.7	49.0

7-4 海洋国内集装箱运量

Maritime Freight Volume of Domestic Standardized Containers

单位：自然箱，吨

Unit: natural container, ton

部门与地区 Sector and Region	1997		1998		1999	
	箱数 Containers	重量 Weight	箱数 Containers	重量 Weight	箱数 Containers	重量 Weight
全国总计 **National Total**	28 478	87 234	18 585	50 750	45 658	114 296
交通部直属 **Under the Ministry of Communications**	28 478	87 234	18 585	50 750		
地方合计 **Local Area Total**	…	…				
河　北 Hebei						
辽　宁 Liaoning					9 544	30 027
上　海 Shanghai					12 205	26 973
江　苏 Jiangsu	…	…			1 275	7 425
浙　江 Zhejiang						
福　建 Fujian						
山　东 Shandong						
广　东 Guangdong						
广　西 Guangxi						
海　南 Hainan						
其　他 Others					22 634	49 871

注：本表数据包含内河集装箱运量数。

Note: The data in this table include the freight volume of containers in the inland rivers.

7-5 海洋旅客运输量
Maritime Passenger Transport Volume

单位：万人次，亿人公里

Unit：10^4persons, 100 million passenger-km

部门和地区 Sector and Region	1997		1998		1999	
	客运量 Passenger Traffic	旅客周转量 Turnover Volume of Passenger	客运量 Passenger Traffic	旅客周转量 Turnover Volume of Passenger	客运量 Passenger Traffic	旅客周转量 Turnover Volume of Passenger
全国总计 National Total	5 402	44	5 074	37.2	5 090	34.6
交通部直属 Under the Ministry of Communications	614	15	383	10.5		
地方合计 Local Area Total	4 788	28	4 691	26.7		
辽　宁 Liaoning	204	2.0	200	2.3	595	11.9
上　海 Shanghai	20	1.0	22	0.2	42	0.6
浙　江 Zhejiang	1 732	8.0	1 674	7.3	1 820	7.1
福　建 Fujian	289	1.0	312	0.5	416	0.6
山　东 Shandong	914	4.0	872	4.9	863	4.1
广　东 Guangdong	1 159	8.0	1 208	8.6	1 090	
广　西 Guangxi	35	1.0	34	0.5	34	0.5
海　南 Hainan	435	2.0	369	2.4	230	1.8

7-6 沿海主要港口货物吞吐量

Cargo Handled at Principal Seaports

单位：万吨　Unit: 10 000 tons

港口 Seaport	1997 货物吞吐量 Cargo Handled	1997 #外贸 Foreign Trade	1998 货物吞吐量 Cargo Handled	1998 #外贸 Foreign Trade	1999 货物吞吐量 Cargo Handled	1999 #外贸 Foreign Trade
合　计 Total	**90 822**	**36 679**	**92 238**	**34 137**	**105 162**	**38 837**
丹　东 Dandong	220	116	231	100	375	140
大　连 Dalian	7 044	3 218	7 515	2 578	8 505	2 412
旅　顺 Lushun	521	…	525	2	525	1
营　口 Yingkou	1 605	951	1 758	877	1 945	749
锦　州 Jinzhou	504	224	561	148	723	308
秦皇岛 Qinhuangdao	7 862	2 497	7 792	2 242	8 261	2 484
黄　骅 Huanghua			55		56	
天　津 Tianjin	6 789	3 740	6 818	3 476	7 298	3 859
京　唐 Jingtang	435	67	519	83	651	107
龙　口 Longkou	686	202	476	45	483	47
蓬　莱 Penglai	627	4	496	10	428	1
长　岛 Changdao	235		172			
烟　台 Yantai	1 560	806	1 511	642	1 646	623
威　海 Weihai	565	138	630	129	664	161
石　岛 Shidao	79	8	76	2		
青　岛 Qingdao	6 916	3 522	7 018	3 031	7 257	3 716
日　照 Rizhao	1 650	861	1 724	1 023	2 003	1 151
岚　山 Lanshan	194	110	152	70	212	108
连云港 Lianyungang	1 652	1 015	1 776	1 007	2 017	997
射　阳 Sheyang			252		255	8
上　海 Shanghai	16 397	4 713	16 388	4 904	18 641	6 285
乍　浦 Zhapu	241	11	260	33	243	39
宁　波 Ningbo	8 220	3 308	8 707	3 504	9 660	3 851
舟　山 Zhoushan	1 384	535	1 656	383	2 082	424
台　州 Taizhou	540	25	680	42	809	61
温　州 Wenzhou	617	42	621	63	711	109
福　州 Fuzhou	1 371	551	1 287	432	1 481	510
湄州湾 Maizhouwan			101	13	136	20
三江口 Sanjiangkou	20		36			
秀　屿 Xiuyu	50	8	65			
泉　州 Quanzhou	1 006	316	1 111	261	1 521	431
厦　门 Xiamen	1 754	1 072	1 640	979	1 773	983

续表 continued

港口 Seaport	1997 货物吞吐量 Cargo Handled	1997 #外贸 Foreign Trade	1998 货物吞吐量 Cargo Handled	1998 #外贸 Foreign Trade	1999 货物吞吐量 Cargo Handled	1999 #外贸 Foreign Trade
赛岐 Saiqi	37	6	66	11		
漳州 Zhangzhou	151	26	189	50	192	37
汕头 Shantou	884	444	904	365	1 191	277
西堤 Xidi	34	24	33	30		
汕尾 Shanwei	44	7	33	15	18	6
深圳 Shenzhen	3 357	1 817	3 444	1 797	4 663	2 356
内：蛇口 Shekou	659	391	472	153		
蛇口 SCT			506	437		
赤湾 Chiwan	674	469	596	402		
盐田 Yantian	362	348	554	551		
妈湾 Mawan	546	210	555	133		
东角头 Dongjiaotou	87	5	146	23		
太平 Taiping	167	43	211	23	212	167
南岗 Nangang	164	81	190	177		
广州 Guangzhou	7 158	2 308	7 863	2 304	10 157	2 709
南北台 Nanbeitai						
中山 Zhongshan	482	263	564	310	587	337
珠海 Zhuhai	714	531	638	456	960	385
江门 Jiangmen	213	86	250	148	276	156
惠州 Huizhou			508	411	657	607
会城 Huicheng	167	31	172	27	159	35
阳江 Yangjiang	27	6	46	12	20	8
石觉头 Shijuetou	5	1	2	1		
博贺 Bohe	13		12			
茂名 Maoming	579	103	497	70	728	338
湛江 Zhanjiang	2 050	1 253	1 844	913	1 751	931
海安 Haian	313	158	339	170	510	
北海 Beihai	243	131	251	130	253	105
钦州 Qinzhou	41	12	120	27	102	19
防城 Fangcheng	650	626	707	659	808	706
洋浦 Yangpu	49	14	44	15	42	12
海口新港 Haikouxingang	398	6	385	6	431	8
海口 Haikou	486	148	470	106	674	43
八所 Basuo	336	19	358	13	380	9
三亚 Sanya	30	6	33	4	27	2

7-7 沿海主要港口分货类吞吐量（1999年）

Cargo Handled at Principal Seaports by Type of Cargo, 1999

单位：万吨 Unit: 10 000 tons

货 类 Type of Cargo	货物吞吐量 Cargo Handled	进口 Incoming	出口 Outbound	其中外贸合计 Foreign Trade
合 计 Total	**105 162**	**53 747**	**51 415**	**38 837**
煤炭及制品 Coal & Products	26 319	9 589	16 730	4 993
石油、天然气及制品 Oil,Gas & Products	18 774	10 426	8 347	6 804
内：原油 Crude Oil	9 122	5 775	3 347	3 811
金属矿石 Metal Ore	10 410	7 626	2 784	5 981
钢铁 Iron & Steel	3 960	2 243	1 717	1 473
矿物性建筑材料 Ore Building Materials	6 273	4 152	2 121	598
水泥 Cement	958	432	525	407
木材 Wood	902	530	372	535
非金属矿石 Non-Metal Ore	2 100	707	1 393	1 193
化学肥料及农药 Chemical Fertilizer & Agricultural Chemical	1 753	1 324	429	1 318
盐 Salt	422	223	199	23
粮食 Grain	4 333	2 001	2 332	1 278
机械、设备、电器 Machinery,Equipment,Electrical Equipment	4 032	1 994	2 038	1 789
化工原料及制品 Industrial Chemicals & Products	1 974	1 168	806	1 305
有色金属 Nonferrous Metal	302	167	135	271
轻工、医药产品 Products of Light Industry & Medicine	2 809	1 407	1 401	1 773
农、林、牧、渔业产品 Products of Agriculture,Forestry,Animal Husbandry & Fishing	1 941	1 026	916	821
其他 Others	17 901	8 730	9 171	8 274

注：进口、出口为进、出港口货物吞吐量的简称。

Note: Incoming and Outbound are the abbreviated forms of cargo handled at incoming and outbound harbors.

7-8 分地区沿海主要港口国际标准集装箱吞吐量
International Standardized Containers Handled at Principal Seaports by Region

单位: 万TEU,万吨

Unit: 10 000TEU,10 000 tons

地 区 Region	1997		1998		1999	
	箱数 Containers	重量 Weight	箱数 Containers	重量 Weight	箱数 Containers	重量 Weight
总 计 Total	**984.0**	**8 364.0**	**1 141.5**	**9 636.2**	**1 559.6**	**14 930.6**
天 津 Tianjin	94.0	920.0	101.8	1 008.0	130.2	1 460.1
河 北 Hebei	…	5.0	0.7	7.0	1.9	19.4
辽 宁 Liaoning	50.0	514.0	59.0	530.5	87.1	883.5
上 海 Shanghai	253.0	2 304.0	306.6	2 765.7	421.6	3 948.5
江 苏 Jiangsu	11.0	107.0	9.2	97.1	11.3	116.6
浙 江 Zhejiang	29.0	255.0	35.8	316.4	66.2	652.1
福 建 Fujian	80.0	789.0	99.7	928.2	126.8	1 130.7
山 东 Shandong	118.0	988.0	135.5	1 165.9	171.8	1 530.0
广 东 Guangdong	274.0	1 994.0	389.0	2 763.8	536.8	5 118.7
广 西 Guangxi	…	5.0	0.7	7.3	1.2	11.0
海 南 Hainan	3.0	35.0	3.5	46.3	4.8	60.1

7-9 分地区沿海主要港口国内集装箱吞吐量
Domestic Standardized Containers Handled at Principal Seaports by Region

单位：万自然箱，万吨

Unit: 10 000 natural containers,10 000 tons

地区 Region	1997		1998		1999	
	箱数 Containers	重量 Weight	箱数 Containers	重量 Weight	箱数 Containers	重量 Weight
总计 **Total**	9.0	32.0	6.1	23.7	2.1	8.7
天津 Tianjin	1.0	2.0	0.5	2.0	0.4	1.9
河北 Hebei					0.1	1.6
辽宁 Liaoning	3.0	11.0	2.5	10.0		
上海 Shanghai	3.0	12.0	2.2	7.4	1.5	4.9
浙江 Zhejiang	1.0	2.0	0.4	1.4		
福建 Fujian	…	…	…	…		
山东 Shandong	…	…	0.1	0.2	0.1	0.3
广东 Guangdong	1.0	3.0	0.4	2.7		
海南 Hainan	…	…				

注：1998、1999年数据来自沿海海洋管理部门。

Note: Data of 1998 and 1999 come from local oceanic administrations.

7-10 沿海主要港口旅客吞吐量

Passengers Leaving and Arriving at Principal Seaports

单位：万人次 Unit: 10 000 Persons

港口	Seaport	1997	1998	1999
总 计	**Total**	**5 679**	**6 090**	**6 401**
丹 东	Dandong		2	6
大 连	Dalian	582	635	656
旅 顺	Lushun	44	38	37
天 津	Tianjin	53	45	49
龙 口	Longkou	17	14	12
蓬 莱	Penglai	126	115	114
长 岛	Changdao	87		
烟 台	Yantai	375	409	459
威 海	Weihai	88	101	104
青 岛	Qingdao	9	7	8
连云港	Lianyungang	…		
上 海	Shanghai	605	1 290	1 151
乍 浦	Zhapu	14	7	1
宁 波	Ningbo	501	451	464
舟 山	Zhoushan	555	535	1 354
台 州	Taizhou	10	7	5
温 州	Wenzhou	115	98	99
福 州	Fuzhou	9	6	4
泉 州	Quanzhou			
厦 门	Xiamen	30	29	31
漳 州	Zhangzhou	132	104	85
汕 头	Shantou	2	…	…
西 堤	Xidi	423	409	
深 圳	Shenzhen	318	302	268
太 平	Taiping	31	7	24
广 州	Guangzhou	110	69	32
中 山	Zhongshan	94	84	86
珠 海	Zhuhai	391	396	385
江 门	Jiangmen	45	34	30
惠 州	Huizhou		1	…
湛 江	Zhanjiang	43	33	42
海 安	Haian	374	376	415
北 海	Beihai	49	52	48
海口新港	Haikouxingang	302	302	291
海 口	Haikou	145	131	142
三 亚	Sanya	…	1	…

7-11 分地区沿海港口客货吞吐量（1999年）
Passengers Leaving and Arriving and Cargo Handled at Seaports by Region,1999

单位：万吨，万人次

Unit：10 000 tons，10 000 Persons

地 区 Region		货物吞吐量 Cargo Handled	# 外 贸 Foreign Trade	旅客吞吐量 Passenger Leaving & Arriving	# 离 港 Leaving
总 计	**Total**	**107 951.3**	**38 860.4**	**6 570.3**	**3 158.6**
天 津	Tianjin	7 297.7	3 859.4	48.7	22.9
河 北	Hebei	8 968.6	2 590.7	4.0	2.6
辽 宁	Liaoning	12 031.0	3 626.0	751.0	382.0
上 海	Shanghai	18 640.9	6 285.0	1 754.2	896.5
江 苏	Jiangsu	2 277.3	370.6	126.5	54.5
浙 江	Zhejiang	13 986.4	4 484.3	1 152.0	565.9
福 建	Fujian	5 103.0	1 981.0	120.0	60.0
山 东	Shandong	13 441.4	5 848.4	727.9	364.2
广 东	Guangdong	23 461.0	8 909.0	1 405.0	569.0
广 西	Guangxi	1 190.0	832.0	48.0	25.0
海 南	Hainan	1 554.0	74.0	433.0	216.0

注：本表数据主要来自沿海海洋管理部门，统计范围为吞吐量10 000吨(含10 000吨)以上港口。

Note: Data of the table come from local oceanic administrations,including seaports≥10 000 tons (cargo handled).

7-12 沿海对外开放一类水运口岸*

The First Class Open Seaports in Coastal Region

地 区 Region	数量(个) Number of Seaports	港 口 名 称 Name of Seaports
合 计 Total	**73**	
天 津 Tianjin	2	天津 Tianjin 渤中原油海面交货点 Delivery Point of Crude Oil in the Central Part of Bohai Sea
河 北 Hebei	2	秦皇岛 Qinhuangdao 唐山 Tangshan
辽 宁 Liaoning	5	大连 Dalian 营口 Yingkou 丹东 Dandong 锦州 Jinzhou 葫芦岛 Huludao
上 海 Shanghai	1	上海 Shanghai
江 苏 Jiangsu	1	连云港 Lianyungang
浙 江 Zhejiang	9	温州 Wenzhou 宁波 Ningbo 舟山 Zhoushan 黄兴岛 Huangxingdao 海门 Haimen 绿华岛 Luhuadao 大陈岛 Dachendao 乍浦 Zhapu 洞头外轮海面交货点 Delivery Point of Foreignship in Dongtou
福 建 Fujian	8	福州 Fuzhou 厦门 Xiamen 泉州 Quanzhou 东山 Dongshan 城澳 Chengao 松下 Songxia 肖厝 Xiaocuo 秀屿 Xiuyu
山 东 Shandong	11	青岛 Qingdao 烟台 Yantai 威海 Weihai 龙口 Longkou 日照 Rizhao 石岛 Shidao 岚山 Lanshan 东营 Dongying 蓬莱 Penglai 莱州 Laizhou 龙眼 Longyan
广 东 Guangdong	23	广州 Guangzhou 湛江 Zhanjiang 汕头 Shantou 汕尾 Shanwei 九洲 Jiuzhou 广海 Guanghai 惠州 Huizhou 东角头 Dongjiaotou 蛇口 Shekou 赤湾 Chiwan 妈湾 Mawan 盐田 Yantian 水东 Shuidong 阳江 Yangjiang 南澳 Nanao 珠海 Zhuhai 潮州 Chaozhou 万山 Wanshan 潮阳 Chaoyang 大亚湾专用口岸 Special Port of Daya Day 湾仔轮渡口岸 Steam Ferry Port of Wanzai 梅沙旅游口岸 Tourism Port of Meisha 西冲 Xichong
广 西 Guangxi	6	防城港 Fangchenggang 北海 Beihai 钦州 Qinzhou 江山 Jiangshan 企沙 Qisha 石头埠 Shitoubu
海 南 Hainan	5	海口 Haikou 三亚 Sanya 八所 Basuo 洋浦 Yangpu 清澜 Qinglan

注：*一类开放口岸系指由国务院批准开放的口岸（包括中央管理的口岸和由省、市、自治区管理的部分口岸）。本表资料截至1999年12月31日。

Note: *Including open seaports under the administration of Central Government and Provincial Municipal and Autonomous Regional Governments (as of Dec.31,1999).

7-13 沿海主要港口生产用码头泊位（截至1999年底）

Berths for Productive Use at Principal Seaports (at the End of 1999)

单位：米，个 Unit: m, number

港口 Seaport		码头长度 Length of Quay Line	泊位个数 Number of Berths	#万吨级 10 000 Tonnage
合 计	**Total**	**173 929**	**1 392**	**490**
丹 东	Dandong	1 149	8	4
大 连	Dalian	14 592	73	39
旅 顺	Lushun	595	6	1
营 口	Yingkou	4 013	24	14
锦 州	Jinzhou	1 927	8	8
秦皇岛	Qinhuangdao	6 694	29	26
黄 骅	Huanghua	422	4	
京 唐	Jingtang	1 565	8	8
天 津	Tianjin	11 196	62	47
龙 口	Longkou	2 169	17	5
蓬 莱	Penglai	732	11	1
烟 台	Yantai	4 816	29	15
威 海	Weihai	1 555	12	4
青 岛	Qingdao	9 972	46	30
日 照	Rizhao	3 198	18	10
岚 山	Lanshan	692	4	2
连云港	Lianyungang	5 803	30	25
射 阳	Sheyang	742	17	
上 海	Shanghai	19 382	134	70
乍 浦	Zhapu	592	14	1
宁 波	Ningbo	6 190	45	20
舟 山	Zhoushan	2 617	48	2
台 州	Taizhou	758	10	
温 州	Wenzhou	1 504	15	4
福 州	Fuzhou	4 020	44	10

续表 continued

港口 Seaport		码头长度 Length of Quay Line	泊位个数 Number of Berths	#万吨级 10 000 Tonnage
湄州湾	Meizhou Bag	1 167	18	1
泉 州	Quanzhou	4 217	66	3
厦 门	Xiamen	4 271	44	13
漳 州	Zhangzhou	1 367	22	1
汕 头	Shantou	2 980	23	6
汕 尾	Shanwei	470	4	
惠 州	Huizhou	2 552	21	6
深 圳	Shenzhen	14 103	97	31
太 平	Taiping	422	8	
广 州	Guangzhou	10 549	105	27
中 山	Zhongshan	860	16	
珠 海	Zhuhai	5 474	82	7
江 门	Jiangmen	974	22	
会 城	Huicheng	654	10	
阳 江	Yangjiang	308	2	1
水 东	Shuidong	1 609	18	1
湛 江	Zhanjiang	5 588	31	24
海 安	Haian	418	11	
北 海	Beihai	1 046	7	4
钦 州	Qinzhou	360	2	2
防 城	Fangcheng	2 713	21	9
海口新港	Haikouxingang	755	16	
洋 浦	Yangpu	444	2	2
海 口	Haikou	1 719	15	2
八 所	Basuo	1 412	8	4
三 亚	Sanya	602	5	

7-14 海洋运输船舶
Maritime Transport

部门和地区 Sector and Region	艘数（艘） Number of Vessels		净载重量（吨位） nwt	
	沿海 Coastal	远洋 Ocean-going	沿海 Coastal	远洋 Ocean-going
全国总计 National Total	**7 773**	**2 794**	**6 544 680**	**20 678 474**
天 津 Tianjin	133	92	139 893	3 641 256
河 北 Hebei	47	14	129 045	393 913
辽 宁 Liaoning	611	122	332 685	950 596
上 海 Shanghai	207	272	1 037 600	5 350 734
江 苏 Jiangsu	310	36	232 781	188 960
浙 江 Zhejiang	2 558	22	1 804 914	125 658
福 建 Fujian	1 719	210	945 568	879 303
山 东 Shandong	366	81	233 032	1 627 304
广 东 Guangdong	982	1 618	1 150 481	3 045 826
广 西 Guangxi	370	222	44 249	97 478
海 南 Hainan	429	7	423 684	25 200
其 他 Others	41	98	70 748	4 352 246

注：本表数据为全社会的海洋运输船舶。

Note: Data refers to the whole society .

拥有量（1999年）
Vessels, 1999

载客量（客位） Passenger Spaces		标准箱位（TEU） Container Spaces(TEU)		功率（千瓦） Total Power(kW)	
沿海 Coastal	远洋 Ocean-going	沿海 Coastal	远洋 Ocean-going	沿海 Coastal	远洋 Ocean-going
137 185	**21 868**	**31 618**	**298 461**	**4 313 725**	**7 099 664**
				189 505	646 773
			200	49 109	110 026
27 159	2 818		1 790	402 948	333 755
3 046	1 069	7 705	229 925	492 088	2 682 568
		1 115	3 892	217 736	175 671
44 217		2 126	1 785	968 182	56 195
17 054	609	180	8 629	424 272	348 871
12 892	992	9 298	7 951	264 815	440 275
16 684	15 044	5 671	43 733	703 520	1 495 485
2 978	1 336		386	36 138	61 256
13 155		5 433		536 249	29 579
		90	170	29 163	719 210

地 区 Region	1997 营运收入 Operating Income 合 计 Total	 海 港 Seaport	 海 运 Shipping
总 计 **Total**	5 223 577	2 156 344	3 067 133
内：交通部直属 **Under the Ministry of Communications**	3 081 068	129 148	2 951 920
双重领导港口 **Seaports Under both the Ministry of Communications & Local Governments**	1 194 370	1 194 370	
按地区分： By Region:			
天 津 Tianjin	424 243	175 103	249 060
河 北 Hebei	159 384	132 054	27 310
辽 宁 Liaoning	276 489	166 965	109 524
上 海 Shanghai	1 447 308	283 776	1 163 532
江 苏 Jiangsu	463 959	218 816	245 143
浙 江 Zhejiang	195 026	87 749	107 277
福 建 Fujian	120 248	65 236	55 012
山 东 Shandong	352 377	191 483	160 894
广 东 Guangdong	1 667 388	758 977	908 411
广 西 Guangxi	35 989	32 675	3 314
海 南 Hainan	81 166	43 510	37 656

营运收入及增加值
Value of Seaport and Shipping

单位：万元　Unit: 10 000 yuan

	1998			
增加值 Added Value	营运收入 Operating Income			增加值 Added Value
	合　计 Total	海　港 Seaport	海　运 Shipping	
2 365 681	**5 295 106**	**2 217 389**	**3 077 717**	**2 370 944**①
	3 387 779	**122 747**	**2 337 261**	
190 400	306 076	70 487	235 589	97 361
	156 245	130 062	26 183	
110 596	291 285	181 761	109 524	
402 192	1 815 234	269 088	1 546 146	114 034
227 340	463 959	218 816	245 143	227 340
54 607	314 288	141 409	172 879	
49 484	120 248	65 236	55 012	49 484
169 886	398 099	217 118	180 981	187 254
1 033 800	1 313 340	849 388	463 952	613 867
	35 166	30 514	4 652	
21 050	81 166	43 510	37 656	21 050

续表 continued

地 区 Region	1999			
	营运收入 Operating Income			增加值 Added Value
	合 计 Total	海 港 Seaport	海 运 Shipping	
总 计 **Total**	5 727 749	1 648 196	4 079 553	2 520 210①
内：交通部直属 **Under the Ministry of Communications**				
双重领导港口 **Seaports Under both the Ministry of Communications & Local Governments**				
按地区分： By Region:				
天 津 Tianjin	361 137	62 344	298 793	
河 北 Hebei	50 393	37 370	13 023	
辽 宁 Liaoning	104 020	83 222	20 798	
上 海 Shanghai	3 061 996	324 085	2 737 911	
江 苏 Jiangsu	94 364	76 728	17 636	
浙 江 Zhejiang	329 353	148 389①	180 964①	
福 建 Fujian				
山 东 Shandong	476 524	267 166	209 358	
广 东 Guangdong	1 214 753	617 976	596 777	
广 西 Guangxi	35 209	30 915	4 294	
海 南 Hainan				

注：①为估算值

Note: ① is estimated value.

八 滨海国际旅游

COASTAL INTERNATIONAL TOURISM

8-1 主要沿海城市接待海外旅游者人数
International Tourists to Major Coastal Cities

单位：人　Unit：person

城　市 City	1997	1998	1999
合　计 Total	**11 941 071**	**12 216 861**	**13 308 883**
天　津 Tianjin	**280 377**	**304 887**	**320 777**
河　北 Hebei	**118 013**	**138 201**	**120 679**
唐　山 Tangshan	22 376	30 169	3 815
秦皇岛 Qinhuangdao	95 637	106 332	116 039
沧　州 Cangzhou		1 700	825
辽　宁 Liaoning	**218 164**	**223 025**	**292 392**
大　连 Dalian	205 043	206 005	260 208
丹　东 Dandong	7 132	9 487	23 500
锦　州 Jinzhou	1 982	2 601	2 876
营　口 Yingkou	1 933	2 292	3 470
盘　锦 Panjin	1 150	1 262	1 306
葫芦岛 Huludao	924	1 378	1 032
上　海 Shanghai	**1 653 502**	**1 527 118**	**1 656 757**
江　苏 Jiangsu	**97 241**	**82 567**	**56 396**
南　通 Nantong	89 543	72 328	47 991
连云港 Lianyungang	4 852	4 625	4 485
盐　城 Yancheng	2 846	5 614	3 920
浙　江 Zhejiang	**752 779**	**733 803**	**848 750**
杭　州 Hangzhou	504 276	507 243	591 853
宁　波 Ningbo	100 507	100 043	112 041
温　州 Wenzhou	31 969	36 788	44 499
绍　兴 Shaoxing	34 720	36 083	39 526
舟　山 Zhoushan	50 036	44 919	52 855
台　州 Taizhou	8 071	8 727	7 976
福　建 Fujian	**1 058 823**	**1 096 647**	**1 212 305**
福　州 Fuzhou	129 148	184 159	249 601
厦　门 Xiamen	385 826	387 522	402 817
莆　田 Putian	70 829	84 003	91 101

注：1997年浙江省数据包含嘉兴市资料，表8-2至8-4同此。

Note: Data of Zhejiang in 1997 include Jiaxing's data (same in table 8-2,8-3,8-4)

续表 continued

城 市 City	1997	1998	1999
泉 州 Quanzhou	428 102	395 328	427 424
漳 州 Zhangzhou	44 918	45 635	41 362
山 东 Shandong	**394 524**	**442 421**	**436 648**
青 岛 Qingdao	197 890	199 527	228 029
东 营 Dongying	1 272	1 243	1 193
烟 台 Yantai	88 622	119 563	85 910
潍 坊 Weifang	17 367	19 466	21 516
威 海 Weihai	80 052	89 164	84 876
日 照 Rizhao	9 321	13 458	15 124
广 东 Guangdong	**7 025 424**	**7 355 245**	**8 006 719**
广 州 Guangzhou	2 944 452	3 035 900	3 129 657
深 圳 Shenzhen	2 261 919	2 342 500	2 494 068
珠 海 Zhuhai	614 489	697 000	794 096
汕 头 Shantou	146 435	187 308	216 917
惠 州 Huizhou	110 685	125 469	229 272
汕 尾 Shanwei	9 523	11 585	9 710
东 莞 Dongguan	292 775	288 186	288 580
中 山 Zhongshan	400 614	431 400	500 261
江 门 Jiangmen	167 680	169 426	222 649
阳 江 Yangjiang	6 299	6 623	7 896
湛 江 Zhanjiang	9 890	9 833	10 014
茂 名 Maoming	4 592	5 012	5 157
潮 州 Chaozhou	39 570	26 326	65 796
揭 阳 Jieyang	16 501	18 677	32 646
广 西 Guangxi	**10 474**	**22 860**	**46 192**
北 海 Beihai	7 848	9 971	21 297
防城港 Fangchenggang	1 683	11 781	24 413
钦 州 Qinzhou	943	1 108	482
海 南 Hainan	**331 750**	**290 087**	**311 268**
海 口 Haikou	214 742	157 154	159 466
三 亚 Sanya	117 008	132 933	151 802

8-2 主要沿海城市国际旅游外汇收入
International Tourism Receipts in Major Coastal Cities

单位：万美元　Unit: 10 000 US$

城 市 City	1997	1998	1999
合　计　Total	**553 320**	**567 134**	**626 815**
天　津　Tianjin	**18 009**	**20 176**	**20 903**
河　北　Hebei	**4 902**	**4 925**	**6 723**
唐　山　Tangshan	1 163	1 096	1 223
秦皇岛　Qinhuangdao	3 739	3 829	5 474
沧　州　Cangzhou			26
辽　宁　Liaoning	**17 874**	**16 307**	**19 151**
大　连　Dalian	17 002	15 391	18 003
丹　东　Dandong	482	455	814
锦　州　Jinzhou	154	138	129
营　口　Yingkou	74	107	91
盘　锦　Panjin	60	77	55
葫芦岛　Huludao	102	139	59
上　海　Shanghai	**131 698**	**121 791**	**136 433**
江　苏　Jiangsu	**5 167**	**5 830**	**4 972**
南　通　Nantong	4 547	5 057	3 730
连云港　Lianyungang	387	773	506
盐　城　Yancheng	233		736
浙　江　Zhejiang	**30 076**	**31 234**	**35 222**
杭　州　Hangzhou	20 078	21 002	23 703
宁　波　Ningbo	3 432	3 641	4 449
温　州　Wenzhou	1 993	2 035	2 079
绍　兴　Shaoxing	1 503	1 557	1 720
舟　山　Zhoushan	2 485	2 350	2 466
台　州　Taizhou	585	649	805
福　建　Fujian	**54 827**	**65 109**	**66 687**
福　州　Fuzhou	6 655	9 408	11 882
厦　门　Xiamen	24 149	23 610	25 027

续表 continued

城 市 City	1997	1998	1999
莆 田 Putian		7 018	3 279
泉 州 Quanzhou	20 735	22 517	24 113
漳 州 Zhangzhou	3 288	2 556	2 386
山 东 Shandong	**16 088**	**17 963**	**20 933**
青 岛 Qingdao	9 803	10 230	11 445
东 营 Dongying	41	51	42
烟 台 Yantai	3 152	4 708	5 723
潍 坊 Weifang	481	430	531
威 海 Weihai	2 400	2 131	2 942
日 照 Rizhao	211	413	250
广 东 Guangdong	**264 309**	**275 951**	**307 039**
广 州 Guangzhou	102 156	106 320	116 611
深 圳 Shenzhen	93 006	98 530	110 805
珠 海 Zhuhai	32 907	33 234	35 690
汕 头 Shantou	9 914	10 190	10 519
惠 州 Huizhou	2 632	2 764	5 103
汕 尾 Shanwei	84	248	195
东 莞 Dongguan	6 721	7 760	7 055
中 山 Zhongshan	6 721	6 905	10 537
江 门 Jiangmen	7 085	7 190	7 571
阳 江 Yangjiang	286	96	136
湛 江 Zhanjiang	910	939	581
茂 名 Maoming	168	217	153
潮 州 Chaozhou	1 176	741	1 397
揭 阳 Jieyang	543	647	686
广 西 Guangxi	**364**	**675**	**1 013**
北 海 Beihai	248	263	441
防城港 Fangchenggang	63	375	555
钦 州 Qinzhou	53	37	17
海 南 Hainan	**8 741**	**7 173**	**7 739**
海 口 Haikou	6 000	3 899	4 025
三 亚 Sanya	2 741	3 274	3 714

注：福建省1998年数据还包括部分其他沿海城市资料。

Note: Data of Fujian in 1998 also include that of other coastal cities .

8-3 主要沿海城市旅游涉外饭店基本情况（1999年）
Hotel Rooms and Occupancies in Major Coastal Cities, 1999

城市 City	饭店数（座） Number of Hotels	客房数（间） Number of Rooms	床位数（张） Number of Beds	客房出租率 Room Occupancy (%)
合计 Total	**2 017**	**331 240**	**644 057**	**56.6**
天津 Tianjin	84	10 773	20 303	43.7
秦皇岛 Qinhuangdao	43	6 771	14 594	37.0
大连 Dalian	98	13 822	23 572	54.3
上海 Shanghai	286	48 940	88 680	55.5
南通 Nantong	17	2 669	5 027	56.9
连云港 Lianyungang	27	1 887	3 889	38.8
杭州 Hangzhou	105	17 050	32 616	60.5
宁波 Ningbo	57	6 920	12 773	62.5
温州 Wenzhou	34	4 381	8 224	66.7
福州 Fuzhou	39	5 562	10 344	46.7
厦门 Xiamen	79	8 751	16 649	47.0
泉州 Quanzhou	37	2 681	5 171	62.7
漳州 Zhangzhou	13	1 106	2 355	53.5
青岛 Qingdao	85	10 534	20 200	50.8
烟台 Yantai	87	7 552	15 554	54.2
威海 Weihai	43	3 748	6 619	43.7
广州 Guangzhou	315	111 778	226 551	62.1
深圳 Shenzhen	254	26 861	54 138	58.5
珠海 Zhuhai	49	7 239	14 983	57.1
汕头 Shantou	39	4 421	8 708	46.5
中山 Zhongshan	52	4 686	8 745	50.0
湛江 Zhanjiang	24	2 968	5 677	45.5
北海 Beihai	22	2 953	5 844	42.2
海口 Haikou	70	8 913	16 695	53.7
三亚 Sanya	58	8 274	16 146	45.8

8-4 主要沿海城市接待
Breakdown of International Tourists

城市 City	外国人 Foreigners		华侨 Overseas Chinese	
	人次数 Arrivals	人天数 Nights	人次数 Arrivals	人天数 Nights
合　计 Total	**4 529 611**	**13 662 703**	**376 998**	**955 942**
天　津 Tianjin	**281 517**	**959 146**	**4 824**	**7 269**
河　北 Hebei	**113 648**	**397 410**	**70**	**141**
唐　山 Tangshan	3 025	8 464	33	69
秦皇岛 Qinhuangdao	110 046	387 408	16	45
沧　州 Cangzhou	577	1 538	21	27
辽　宁 Liaoning	**229 109**	**816 753**	**9 457**	**41 165**
大　连 Dalian	199 905	764 838	9 048	33 867
丹　东 Dandong	21 779	35 861	360	7 200
锦　州 Jinzhou	2 192	5 665	2	4
营　口 Yingkou	3 212	4 634	0	0
盘　锦 Panjin	1 147	2 735	43	94
葫芦岛 Huludao	874	3 020	4	0
上　海 Shanghai	**1 287 280**	**5 097 629**	**46 362**	**166 903**
江　苏 Jiangsu	**45 111**	**192 869**	**1 288**	**4 151**
南　通 Nantong	39 545	178 545	1 227	3 999
连云港 Lianyungang	3 484	9 431	14	20
盐　城 Yancheng	2 082	4 893	47	132

海外旅游者情况(1999年)
in Major Coastal Cities, 1999

单位：人，人天　Unit: person, night

港澳同胞 Hongkong & Macau		台湾同胞 Taiwan Province	
人次数 Arrivals	人天数 Nights	人次数 Arrivals	人天数 Nights
6 456 727	**11 153 936**	**1 845 703**	**3 939 111**
19 988	**55 779**	**14 448**	**41 520**
2 706	**6 554**	**4 256**	**13 360**
429	1 186	328	1 133
2 174	5 236	3 804	11 945
103	132	124	282
25 391	**80 300**	**28 435**	**85 306**
24 805	79 278	26 450	82 025
185	321	1 176	1 533
60	84	622	1 445
176	289	82	134
81	166	35	54
84	162	70	115
172 090	**511 107**	**151 025**	**468 178**
3 150	**8 340**	**6 996**	**33 682**
2 217	6 135	5 002	23 348
428		559	1 016
505	1 286	1 435	9 318

续表1 continued

城 市 City	外国人 Foreigners		华侨 Overseas Chinese	
	人次数 Arrivals	人天数 Nights	人次数 Arrivals	人天数 Nights
浙 江 Zhejiang	**450 131**	**1 025 456**	**24 813**	**79 180**
杭 州 Hangzhou	324 625	718 099	9 250	23 050
宁 波 Ningbo	51 237	133 267	2 154	2 540
温 州 Wenzhou	18 531	43 999	10 208	43 704
绍 兴 Shaoxing	23 607	55 563	2 319	7 743
舟 山 Zhoushan	27 793	64 725	828	1 966
台 州 Taizhou	4 338	9 803	54	177
福 建 Fujian	**300 155**	**1 160 796**	**53 092**	**116 933**
福 州 Fuzhou	74 603	306 267	20 808	63 051
厦 门 Xiamen	178 679	725 932	6 300	22 790
泉 州 Quanzhou	34 845	75 976	25 707	30 164
漳 州 Zhangzhou	7 884	28 355	142	548
莆 田 Putian	4 144	24 266	135	380
山 东 Shangdong	**331 808**	**809 160**	**4 747**	**32 146**
青 岛 Qingdao	175 279	443 681	969	2 274
东 营 Dongying	1 099	2 240	7	25
烟 台 Yantai	58 047	169 151	2 153	11 798
潍 坊 Weifang	9 758	18 460	476	3 650
威 海 Weihai	73 063	145 536	1 130	14 156
日 照 Rizhao	14 562	30 092	12	243

港澳同胞 Hongkong & Macau		台湾同胞 Taiwan Province	
人次数 Arrivals	人天数 Nights	人次数 Arrivals	人天数 Nights
169 443	**321 341**	**204 363**	**402 861**
116 543	220 278	141 435	277 076
27 450	50 536	31 200	57 419
6 521	11 097	9 239	16 134
8 091	14 026	5 509	13 026
9 667	22 802	14 567	33 765
1 171	2 602	2 413	5 441
483 761	**881 889**	**375 297**	**952 195**
53 636	106 046	100 554	230 448
88 473	335 386	129 365	445 178
321 360	358 220	45 512	77 453
11 236	30 067	22 100	76 435
9 056	52 170	77 766	122 681
49 460	**103 182**	**50 633**	**171 151**
31 300	70 367	20 481	45 370
31	76	56	187
9 176	21 633	16 534	93 561
7 162	7 200	4 120	6 490
1 614	3 542	9 069	23 804
177	364	373	1 739

续表2 continued

城市 City	外国人 Foreigners		华侨 Overseas Chinese	
	人次数 Arrivals	人天数 Nights	人次数 Arrivals	人天数 Nights
广　东 Guangdong	**1 409 063**	**3 034 399**	**230 527**	**504 815**
广　州 Guangzhou	675 570	1 636 227	190 178	438 655
深　圳 Shenzhen	446 012	780 818	14 545	21 410
珠　海 Zhuhai	82 299	179 992	3 168	3 558
汕　头 Shantou	43 492	113 718	4 140	6 328
惠　州 Huizhou	17 436	26 171	1 208	1 704
汕　尾 Shanwei	682	882	222	284
东　莞 Dongguan	69 766	160 004	863	1 842
中　山 Zhongshan	44 736	60 088	7 565	11 020
江　门 Jiangmen	19 948	52 512	4 777	12 025
阳　江 Yangjiang	902	1 209	142	198
湛　江 Zhanjiang	2 784	11 718	192	400
茂　名 Maoming	1 672	4 510	81	152
潮　州 Chaozhou	1 957	3 223	1 007	1 557
揭　阳 Jieyang	1 807	3 327	2 439	5 682
广　西 Guangxi	**23 686**	**37 742**	**53**	**85**
北　海 Beihai	3 648	7 151	2	2
防城港 Fangchenggang	19 810	30 591	51	83
钦　州 Qinzhou	228	0	0	0
海　南 Hainan	**58 103**	**131 343**	**1 765**	**3 154**
海　口 Haikou	23 836	47 629	1 415	2 687
三　亚 Sanya	34 267	83 714	350	467

港澳同胞 Hongkong & Macau		台湾同胞 Taiwan Province	
人次数 Arrivals	人天数 Nights	人次数 Arrivals	人天数 Nights
5 314 089	**8 874 546**	**953 040**	**1 659 765**
1 858 393	3 723 791	305 516	692 839
1 815 764	2 770 044	217 747	343 067
488 414	634 945	220 215	301 008
158 219	260 127	11 066	19 650
187 747	300 841	22 881	31 187
8 160	9 542	646	841
161 892	215 519	56 059	88 938
377 604	517 233	70 356	93 318
160 746	257 909	37 178	69 957
5 695	7 644	1 157	1 553
5 806	13 508	1 232	3 203
3 002	4 218	402	822
60 798	118 094	2 034	2 773
21 849	41 131	6 551	10 609
20 425	**28 259**	**2 034**	**3 625**
16 448	23 413	1 205	2 165
3 836	4 501	716	1 153
141	345	113	307
196 224	**282 639**	**55 176**	**107 468**
90 791	137 371	43 424	92 234
105 433		11 752	15 234

8-5 沿海地区旅行社单位数（1999年）
Number of Travel Agencies in Coastal Regions, 1999

单位：家 Unit: number

地 区 Region	旅行社总数 Number of Travel Agencies	国际旅行社 International Travel Agencies	国内旅行社 Domestic Travel Agencies
合 计 Total	**3 708**	**606**	**3 002**
天 津 Tianjin	183	19	164
辽 宁 Liaoning	370	49	321
河 北 Hebei	316	31	285
上 海 Shanghai	395	39	256
江 苏 Jiangsu	449	67	382
浙 江 Zhejiang	510	46	464
福 建 Fujian	280	37	243
山 东 Shandong	299	50	249
广 东 Guangdong	466	179	287
广 西 Guangxi	256	50	206
海 南 Hainan	184	39	145

九 海洋科技与教育

MARINE SCIENCE AND EDUCATION

9-1 分地区海洋科研
Marine Scientific Research

地 区 Region	机构数（个） Number of Institutions(unit)	单位从业人员（人） Staff and Workers	专业技术
合 计 Total	**107**	**16 119**	**11 228**
北 京 Beijing	5	1 464	1 139
天 津 Tianjin	10	2 709	1 550
河 北 Hebei	2	413	255
辽 宁 Liaoning	13	903	699
上 海 Shanghai	11	2 543	1 757
江 苏 Jiangsu	8	1 294	1 016
浙 江 Zhejiang	14	1 188	829
福 建 Fujian	10	719	620
山 东 Shandong	15	2 906	1 891
广 东 Guangdong	16	1 499	1 140
广 西 Guangxi	2	124	80
湖 北 Hubei	1	357	252

9-2 分部门海洋科研
Marine Scientific Research

部 门 Sector	机构数（个） Number of Institutions(unit)	单位从业人员（人） Staff and Workers	专业技术
合 计 Total	**107**	**16 119**	**11 228**
农业部 Ministry of Agriculture	5	1 390	829
水利部 Ministry of Water Resources	1	802	696
国土资源部 Ministry of Land and Resources	1	197	91
石油与化学工业局 Bureau of Oil and Chemical Industry	1	154	76
轻工局 Bureau of Light Industry	1	186	105
交通部 Ministry of Communications	11	2 620	1 825
中国气象局 China Meterological Administration	13	401	358
国家海洋局 State Oceanic Administration	12	3 730	2 601
中国科学院 Chinese Academy of Sciences	4	2 088	1 588
中国海洋石油总公司 CNOOC	1	383	225
沿海地区 Coastal Regions	57	4 168	2 834

机构、人员情况（1999年）
Institute and Personnel by Region,1999

人员（人） Professional (person)			
高级职称 Senior	中级职称 Intermediate	初级职称 Primary	其　他 Others
3 569	**3 939**	**2 552**	**1 168**
395	411	265	68
499	567	359	125
99	78	75	3
201	314	159	25
513	507	388	349
356	256	185	219
286	254	207	82
164	230	179	47
630	745	385	131
320	410	296	114
15	55	7	3
91	112	47	2

机构、人员情况（1999年）
Institute and Personnel by Sector,1999

人员（人） Professional (person)			
高级职称 Senior	中级职称 Intermediate	初级职称 Primary	其　他 Others
3 569	**3 939**	**2 552**	**1 168**
217	322	212	78
292	157	98	149
49	25	9	8
19	51	6	0
40	53	12	0
618	494	365	348
126	148	80	4
890	925	595	191
605	629	287	67
87	70	68	0
626	1 065	820	323

9-3 分行业海洋科研

Marine Scientific Research

行 业 Industry		机构数（个） Number of Institutions(unit)	单位从业人员（人） Staff and Workers	专业技术
合 计	**Total**	**107**	**16 119**	**11 228**
农 业	Agriculture	2	209	146
渔 业	Fishery	33	3 325	2 099
水利业	Water Conservancy	2	947	804
采盐业	Salt Industry	4	370	154
化学化工	Chemical Industry	1	154	76
仪器仪表	Instrument and Measurement	1	248	117
地质勘察	Geological Survey	1	383	225
交通运输	Communication and Transportation	10	2 286	1 700
科学研究	Scientific Research	8	2 482	1 792
气象业	Meteorology	13	401	358
海洋事业	Marine Undertakings	12	3 730	2 601
环境保护	Environmental Protection	18	1 197	984
其 他	Others	2	387	172

9-4 分地区海洋科技

Marine Science and Technology

地 区 Region		合 计 Total	基础研究 Basic Research	应用研究 Applied Research
合 计	**Total**	**3 372**	**413**	**970**
北 京	Beijing	267	12	90
天 津	Tianjin	249	0	10
河 北	Hebei	19	0	2
辽 宁	Liaoning	101	0	0
上 海	Shanghai	471	13	33
江 苏	Jiangsu	626	7	143
浙 江	Zhejiang	323	20	87
福 建	Fujian	191	54	74
山 东	Shandong	626	188	277
广 东	Guangdong	339	50	192
广 西	Guangxi	48	6	13
湖 北	Hubei	112	63	49

机构、人员情况（1999年）
Institute and Personnel by Industry,1999

人员（人） Professional (person)

高级职称 Senior	中级职称 Intermediate	初级职称 Primary	其 他 Others
3 569	**3 939**	**2 552**	**1 168**
33	38	37	38
473	835	548	243
320	179	125	180
43	71	38	2
19	51	6	0
28	40	42	7
87	710	68	0
571	458	339	332
680	699	328	85
126	148	80	4
890	925	595	191
231	375	311	67
68	50	35	19

课题情况（1999年）
Research Projects by Region,1999

单位：项 Unit:item

实验发展 Experimental Development	成果应用 Result Application	科技服务 Technological Service	生产性活动 Productive Activities
609	**705**	**637**	**38**
78	11	72	4
34	110	81	14
1	3	13	0
13	32	56	0
95	232	98	0
257	159	59	1
20	67	117	12
19	24	16	4
34	55	71	1
42	9	44	2
16	3	10	0
0	0	0	0

9-5 分部门海洋科技
Marine Science and Technology

部门	Sector	合计 Total	基础研究 Basic Research
合 计	**Total**	3 372	413
农业部	Ministry of Agriculture	161	17
水利部	Ministry of Water Resources	531	6
国土资源部	Ministry of Land and Resources	58	44
石油与化学工业局	Ministry of Oil and Chemical Industry	29	0
轻工局	Bureau of Light Industry	16	0
交通部	Ministry of Communications	478	2
中国气象局	China Meteorological Administration	188	5
国家海洋局	State Oceanic Administration	627	122
中国科学院	Chinese Acadamy of Sciences	558	199
中国海洋石油总公司	CNOOC	6	0
沿海地区	Coastal Regions	720	18

9-6 分行业海洋科技
Marine Science and Technology

行业	Industry	合计 Total	基础研究 Basic Research
合 计	**Total**	3 372	413
农 业	Agriculture	58	1
渔 业	Fishery	452	26
水利业	Water Conservancy	586	6
采盐业	Salt Industry	27	0
化学化工	Chemical Industry	29	0
仪器仪表	Instrument and Measurement	5	0
地质勘察	Geological Survey	6	0
交通运输	Communications and Transportation	483	2
气象业	Meteorology	188	5
环境保护	Environmental Protection	251	2
海洋事业	Marine Undertakings	627	122
科学研究	Scientific Research	642	249
其 他	Others	18	0

课题情况 （1999年）
Research Projects by Sector,1999

单位：项 Unit: item

应用研究 Applied Research	实验发展 Experimental Development	成果应用 Result Application	科技服务 Technological Service	生产性活动 Productive Activities
970	**609**	**705**	**637**	**38**
76	42	22	4	0
140	206	128	51	0
13	0	0	1	0
20	8	1	0	0
0	3	6	7	0
8	113	218	137	0
62	35	60	26	0
203	29	66	193	14
341	7	3	4	4
2	1	3	0	0
105	165	198	214	20

课题情况（1999年）
Research Projects by Industry,1999

单位：项 Unit: item

应用研究 Applied Research	实验发展 Experimental Development	成果应用 Result Application	科技服务 Technological Service	生产性活动 Productive Activities
970	**609**	**705**	**637**	**38**
3	35	16	3	0
141	130	103	34	18
140	210	171		0
0	3	13	10	1
20	8	1	0	0
0	0	0	4	1
2	1	3	0	0
14	118	205	144	0
62	35	60	26	0
25	28	42	154	0
203	29	66	193	14
360	12	12	5	4
0	0	13	5	0

9-7 分地区海洋科技成果获奖情况（1999年）
Award-Winning Marine Scientific and Technological Results by Region,1999

单位：项 Unit: item

地 区 Region		合 计 Total	国家级 National level	省部级 Provincial level	地市级 Municipal level
合 计	**Total**	**205**	**12**	**90**	**103**
北 京	Beijing	21	2	10	9
天 津	Tianjin	14	1	13	0
河 北	Hebei	6	0	4	2
辽 宁	Liaoning	22	0	7	15
上 海	Shanghai	28	0	13	15
江 苏	Jiangsu	16	4	2	10
浙 江	Zhejiang	29	1	13	15
福 建	Fujian	12	0	6	6
山 东	Shandong	28	0	10	18
广 东	Guangdong	22	3	10	9
广 西	Guangxi	3	0	0	3
湖 北	Hubei	4	1	2	1

9-8 分部门海洋科技成果获奖情况（1999年）
Award-Winning Marine Scientific and Technological Results by Sector,1999

单位：项 Unit: item

部 门 Sector	合 计 Total	国家级 National level	省部级 provincial level	地市级 Municipal level
合 计 **Total**	**205**	**12**	**90**	**103**
农业部 Ministry of Agriculture	23	0	9	14
水利部 Ministry of Water Resources	4	3	1	0
国土资源部 Ministry of Land and Resources	0	0	0	0
轻工局 Bureau of Light Industry	2	0	2	0
交通部 Ministry of Communications	16	2	11	3
中国气象局 China Meteorological Administation	26	0	9	17
国家海洋局 State Oceanic Administration	66	0	22	44
中国科学院 Chinese Academy of Sciences	20	5	14	1
中国海洋石油总公司 CNOOC	3	0	3	0
沿海地区 Coastal Regions	45	2	19	24

9-9 分行业海洋科技成果获奖情况（1999年）
Award-Winning Marine Scientific and Technological Results by Industry,1999

单位：项　Unit: item

行 业 Industry	合 计 Total	国家级 National level	省部级 Provincial level	地市级 Municipal level
合 计 Total	**205**	**12**	**90**	**103**
农 业 Agriculture	6	0	0	6
渔 业 Fishery	46	2	23	21
水利业 Water Conservancy	6	3	2	1
采盐业 Salt Industry	2	0	2	0
化学化工 Chemical Industry	0	0	0	0
仪器仪表 Instrument and Measurement	3	0	1	2
电子及通讯制造 Electronics and Communication	0	0	0	0
地质勘察 Geological Survey and Exploration	3	0	3	0
交通运输 Communications and Transportation	12	1	8	3
科学研究 Scientific Research	20	5	14	1
气象业 Meteorology	26	0	9	17
海洋事业 Marine Undertakings	66	0	22	44
环境保护 Environmental Protection	11	0	3	8
其 他 Others	4	1	3	0

9-10 全国各海洋专业博士研究生情况（1999年）

Doctors in Institutions of Higher Learning by Oceanography Speciality,1999

专业 Speciality	专业点数(个) Number of Speciality Agencies	学生数（人） Students (person)			
		毕业生 Graduates	招生 Entrance	在校生 Enrollment	毕业班学生 Students in Graduating Class
合计 **Total**	**31**	**87**	**174**	**489**	**168**
物理海洋学 Physical Oceanography	2	6	18	55	23
环境海洋学 Environmental Oceanography	2	5	14	41	17
海洋气象学 Marine Meteorology	1	0	3	9	3
海洋化学 Marine Chemistry	3	9	11	20	7
海洋生物学 Marine Biology	4	17	39	104	37
海洋地质 Marine Geology	3	12	22	78	37
船舶与海洋结构物设计 Ship and Marine Structures Design and Making	4	21	27	67	18
船舶与海洋工程结构力学 Ship and Marine Engineering Structural Mechanics	2	3	2	13	8
船舶与海洋工程流体力学 Ship and Marine Engineering Fluid Mechanics	1	0	0	1	1
轮机工程 Turbine Engineering	6	7	19	59	6
船舶与海洋工程特辅装 Ship and Marine Special Auxiliary Devices	1	0	6	16	3
水声工程 Marine Acoustical Engineering	2	7	13	26	8

9-11 全国各海洋专业硕士研究生情况（1999年）
Masters in Institutions of Higher Learning by Oceanography Speciality,1999

专 业 Speciality	专业点数(个) Number of Speciality Agencies	学生数（人） Students (person)			
		毕业生 Graduates	招 生 Entrance	在校生 Enrollment	毕业班学生 Students in Graduating Class
合 计 **Total**	**61**	**206**	**318**	**749**	**199**
物理海洋学 Physical Oceanography	6	26	27	74	24
环境海洋学 Environmental Oceanography	8	11	30	79	20
海洋气象学 Marine Meteorology	2	1	9	18	4
海洋物理学 Marine Physics	2	5	5	12	2
海洋化学 Marine Chemistry	3	19	21	57	15
海洋生物学 Marine Biology	5	26	36	90	22
海洋地质 Marine Geology	6	30	36	87	23
船舶与海洋结构物设计 Ship and Marine Structures Design and Making	10	35	99	171	34
船舶与海洋工程结构力学 Ship and Marine Engineering Structural Mechanics	4	11	9	25	11
船舶与海洋工程流体力学 Ship and Marine Engineering Fluid Mechanics	2	1	0	4	3
轮机工程 Turbine Engineering	9	34	37	107	33
船舶与海洋工程特辅装 Ship and Marine Special Auxiliary Devices	1	1	0	3	1
水声工程 Marine Acoustical Engineering	3	6	9	22	7
海洋科学新专业 New Speciality of Marine Science	1	0	1	1	0

9-12 全国各海洋专业本、专科学生情况（1999年）
Students in Institutions of Higher Learning and Students in Colleges for Professional Training by Oceanography Speciality,1999

专　业 Subject	专业点数(个) Number of Subject Agency	学生数（人）Students (person)			
		毕业生 Graduated	招　生 Entrance	在校生 Enrollment	毕业班学生 Students in Graduating Class
合　计 **Total**	**88**	**1 690**	**3 187**	**8 782**	**1 850**
海洋学 Oceanography	1	23	0	81	27
海洋物理学 Marine Physics	3	25	138	203	16
海洋化学 Marine Chemistry	2	43	70	271	46
海洋生物学 Marine Biology	4	73	73	194	58
淡水渔业 Fresh Water Fishery	32	552	981	3 147	723
海水养殖 Mariculture	14	293	392	1 428	379
海洋渔业 Marine Fishery	6	156	245	745	130
水产类师资班 Teachers Training Course of Aquatic Products Industry	3	60	89	259	0
水产类专业 Aquatic Products	21	465	1 053	2 308	471
海洋科学新专业 New Speciality of Marine Science	2	0	146	146	0

9-13 全国普通中专各海洋专业学生情况（1999年）
Students in Specialized Secondary Schools by Oceangraphy Speciality,1999

专　业 Subject	专业点数(个) Number of Subject Agency	学生数（人）Students (person)			
		毕业生 Graduated	招　生 Entrance	在校生 Enrollment	毕业班学生 Graduation
合　计 Total	**111**	**3 149**	**2 956**	**11 328**	**3 630**
水产 Aquatic	1	0	85	165	40
水产养殖 Aquaculture	42	1 019	1 041	3 523	858
淡水养殖 Fresh Water Fishery	39	1 197	1 063	4 540	1 646
海水养殖 Mariculture	9	214	85	611	339
航海捕捞 Marine Fishing	4	43	0	170	76
水产类新专业 New Speciality of Aquatic Products	16	676	682	2 319	671

9-14 全国成人高等教育海洋专业学生情况（1999年）
Students of Continuing Education by Oceangraphy Speciality,1999

专　业 Subject	专业点数(个) Number of Subject Agency	学生数（人）Students (person)			
		毕业生 Graduated	招　生 Entrance	在校生 Enrollment	毕业班学生 Graduation
合　计 Total	**25**	**88**	**260**	**618**	**230**
淡水渔业 Fresh Water Fishery	18	46	223	466	133
海水养殖 Mariculture	2	0	18	89	71
水产类新专业 New Speciality of Aquatic Products	5	42	19	63	26

十 海洋环境保护

MARINE ENVIRONMENTAL PROTECTION

10-1 主要沿岸海域水质综合状况（1999年）

Comprehensive Indicators of Water Quality by Major Coastal Area,1999

海 域 Sea Area	超标项目 Super-Standardized Items	综合污染指数 Intergrative Pollutive Indices
渤海湾近岸 Nearshore of Bohai Bay	汞、活性磷酸盐、无机氮 Hg、$PO4^{2-}$、N	4.53
黄海北部近岸 Nearshore of North Huanghai Sea	活性磷酸盐、石油类、化学需氧量 $PO4^{2-}$、Oil、COD	3.45
锦州湾 Jinzhou Bay	铅、镉、石油类 pb、Cr、Oil	2.5
杭州湾 Hangzhou Bay	无机氮、活性磷酸盐、铅、石油类 N、$PO4^{2-}$、Pb、Oil	2.13
长江口外近岸 Nearshore out of Changjiang Estuary	无机氮、铅、活性磷酸盐、石油类 N、Pb、$PO4^{2-}$、Oil	2.04
长江口内近岸 Nearshore in Changjiang Estuary	无机氮、活性磷酸盐、铅、化学需氧量、溶解氧 N、$PO4^{2-}$、Pb、COD、O_2	1.89
舟山渔场附近海域 Zhoushan Fishing Farm	石油类、无机氮、活性磷酸盐、铅、汞 Oil、N、$PO4^{2-}$、Pb、Hg	1.81
莱州湾近岸 Nearshore of Laizhou Bay	铅、汞、化学需氧量、活性磷酸盐、石油类 Pb、Hg、COD、$PO4^{2-}$、OiL	1.72
烟台近岸 Nearshore of Yantai	铅、活性磷酸盐、汞、石油类 Pb、$PO4^{2-}$、Hg、OiL	1.46
浙江近岸 Nearshore of Zhejiang	汞、铅、活性磷酸盐、无机氮 Hg、Pb、$PO4^{2-}$、N	1.41
珠江口近岸 Nearshore of Zhujiang Estuary	无机氮、活性磷酸盐、溶解氧 N、$PO4^{2-}$、O_2	1.37
大连湾 Dalian Bay	石油类、化学需氧量、无机氮、汞 Oil、COD、N、Hg	1.28
长江口外近海 Offshore out of Changjiang Estuary	无机氮、铅、活性磷酸盐、溶解氧 N、Pb、$PO4^{2-}$、O_2	1.19
胶州湾近岸 Nearshore of Jiaozhou	活性磷酸盐、无机氮、铅 $PO4^{2-}$、N、Pb	0.9
珠江口外近海 Offshore out of Zujiang Estuary	镉、无机氮、溶解氧 Cr、N、O_2	0.79
大鹏湾 Dapeng Bay	铅、溶解氧、活性磷酸盐 Pb、O_2、$PO4^{2-}$	0.64

注：综合污染指数为各海域评价因子污染指数的算术平均值。

Note: The integrative pollutive indices are the arithmetic means of the pollutive indices of evaluation factors in various sea areas.

10-2 沿海地区工业废水
Discharge and Treatment of Industrial

地　区 Region	工业废水排放总量 Total Valume of Industrial Waste Water Discharged	其中： 直接入海的 Direct to Sea	经过处理的 Treated
总　计 Total	**366 565**	**81 416**	**483 094**
天　津 Tianjin	10 185	582	26 551
河　北 Hebei	22 369	2 755	23 796
辽　宁 Liaoning	48 601	30 926	47 577
上　海 Shanghai	47 672	15 886	102 283
江　苏 Jiangsu	14 676	1 322	14 251
浙　江 Zhejiang	86 003	9 765	85 350
福　建 Fujian	14 102	2 329	15 768
山　东 Shandong	31 366	7 839	98 315
广　东 Guangdong	82 113	5 822	63 009
广　西 Guangxi	2 364	973	1 170
海　南 Hainan	7 114	3 217	5 024

注：从1998年起此表统计数据的口径有所变化，即以沿海县（市）为基本统计单位，故与1998年以前的数据不可比，表10-4同。

Note: The specifications of statistical data in this table have changed since 1998, i.e., the data of coastal counties are taken as basic statistical units, so the data now are incomparable with those before 1998. The same is true in table 10-4.

排放及处理情况（1999年）
Waste Water by Coastal Regions,1999

单位：万吨　Unit: 10 000 tons

工业废水中： Including:				
处理率（%） Rate of Treatment（%）	符合排放标准的 Up-to-Standard	达标率（%） Standardized Rate（%）	经过处理达标的 Treated up to Standard	处理达标率（%） Treated up to Standard Rate（%）
91.7	**290 351**	**79.2**	**180 751**	**85.0**
95.0	9 127	89.6	4 570	89.9
97.0	19 864	88.8	10 045	85.0
82.4	35 985	74.0	25 854	91.3
98.7	43 085	90.4	22 618	87.6
94.3	13 208	90.0	7 932	92.3
93.5	75 144	87.4	43 889	79.9
83.2	9 862	69.9	6 361	75.2
96.1	27 887	88.9	23 461	84.6
78.6	51 005	62.1	32 155	69.8
54.2	1 361		928	98.5
67.5	3 823	53.7	2 938	77.1

10-3 主要沿海城市工业废水

Discharge and Treatment of Industrial Waste

城 市 City		工业废水排放总量 Total Volume of Industrial Waste Water Discharged	其中：直接入海的 Direct to Sea	经过处理的 Treated
天 津	Tianjin	10 185	582	26 551
秦皇岛	Qinhuangdao	5 140	1 176	6 271
大 连	Dalian	32 468	29 936	24 290
上 海	Shanghai	47 672	15 886	102 283
连云港	Lianyungang	5 118	1 050	7 707
宁 波	Ningbo	10 154	2 173	8 694
温 州	Wenzhou	7 016	9	3 971
福 州	Fuzhou	4 416	20	5 529
厦 门	Xiamen	3 076	431	3 422
青 岛	Qingdao	8 685	3 483	17 400
烟 台	Yantai	7 154	2 927	15 745
汕 头	Shantou	4 157	493	3 007
深 圳	Shenzhen	3 802	470	4 574
湛 江	Zhanjiang	9 795	838	6 910
珠 海	Zhuhai	3 206	140	2 080
北 海	Beihai	1 554	732	881
海 口	Haikou	855	855	307

排放及处理情况（1999年）
Water by Major Coastal Cities, 1999

单位：万吨　Unit: 10 000 tons

工　业　废　水　中：

Including:

处理率（%）Rate of Treatment（%）	符合排放标准的 Up-to-Standard	达标率（%）Standardized Rate（%）	经过处理达标的 Treated up to Standard	处理达标率（%）Treated up to Standard Rate（%）
95.0	9 127	89.6	4 570	89.9
82.1	3 313	64.5	1 168	71.7
95.2	30 876	95.1	19 942	98.2
98.7	43 085	90.4	22 618	87.6
96.2	4 807	93.9	3 044	99.8
87.5	8 409	82.8	6 267	92.5
64.3	4 528	64.5	2 940	91.1
87.6	2 554	57.8	1 177	52.2
93.1	2 648	86.1	2 332	93.0
94.4	7 018	80.8	5 172	89.1
98.4	6 216	86.9	4 540	87.1
86.4	3 430	82.5	1 984	88.7
98.0	3 565	93.8	2 201	93.9
59.4	2 053	21.0	1 453	32.5
77.1	2 332	72.7	1 003	79.6
65.7	1 027	66.1	617	90.1
99.7	812	95.0	265	86.3

10-4 沿海地区工业固体废物排放、处理、

Discharge,Treatment and Utilization of Industrial Solid Wastes

地 区 Region	工业固体废物排放、处置及综合利用情况（吨） Discharge,use and treatment of Industrial Solid wastes (ton)		
	工业固体废物排放量 Volume of Industrial Solid Wastes Discharged	工业固体废物处置量 Volume of Industrial Solid Wastes Treated	工业固体废物综合利用量 Volume of Industrial Solid Wastes Muti-Utilized
合 计 Total	**5 621 500**	**34 488 800**	**178 991 400**
天 津 Tianjin	21 500	257 000	4 717 500
河 北 Hebei	2 468 100	13 808 800	29 705 400
辽 宁 Liaoning	1 339 800	10 187 200	25 397 500
上 海 Shanghai	600	669 800	12 873 400
江 苏 Jiangsu	74 200	721 400	24 319 100
浙 江 Zhejiang	112 500	1 043 300	10 110 300
福 建 Fujian	176 100	1 212 800	10 821 800
山 东 Shandong	28 900	1 902 000	38 771 200
广 东 Guangdong	576 300	1 720 600	10 240 500
广 西 Guangxi	823 500	2 960 700	11 733 700
海 南 Hainan		5 200	301 000

利用及污染治理项目（1999年）
and the Pollution Treatment Projects by Coastal Regions, 1999

污染治理项目情况（个） Number of Projects for Pollution Treatment			
当年开工项目 Started in the Year		当年竣工项目 Completed in the Year	
治理废水 Treatment of Waste Water	治理固体废物 Treatment of Solid Wastes	治理废水 Treament of Waste Water	治理固体废物 Treatment of Solid Wastes
5 341	**276**	**3 901**	**204**
204	37	173	12
220	11	179	11
210	27	176	24
262	11	166	8
774	41	554	33
1 227	36	899	25
832	40	446	26
603	29	489	25
693	13	578	12
299	30	232	27
17	1	9	1

10-5　主要沿海城市工业固体废物排放、处理、
Discharge, Treatment and Utilization of Industrial Solid Wastes

城　市 City	工业固体废物排放、处置及综合利用情况（吨） Discharge,use and treatment of Industrial Solid wastes (ton)		
	工业固体 废物排放量 Volume of Industrial Solid Wastes Discharged	工业固体废 物处置量 Volume of Industrial Solid Wastes Treated	工业固体废物 综合利用量 Volume of Industrial Solid Wastes Muti-Utilize5d
天　津 Tianjin	21 500	257 000	4 717 500
秦皇岛 Qinhuangdao	121 200	334 000	1 235 600
大　连 Dalian	6 800	542 900	1 601 100
上　海 Shanghai	600	669 800	12 873 400
连云港 Lianyungang		144 600	917 300
宁　波 Ningbo	400	475 000	1 636 500
温　州 Wenzhou	31 300	64 700	437 300
福　州 Fuzhou	800	55 000	539 000
厦　门 Xiamen	200	28 800	454 000
青　岛 Qingdao	8 900	16 900	4 285 000
烟　台 Yantai		763 700	5 208 100
汕　头 Shantou		15 600	425 700
深　圳 Shenzhen		41 900	290 700
湛　江 Zhanjiang	15 400	287 200	780 100
珠　海 Zhuhai		8 300	109 200
北　海 Beihai	300	3 000	96 400
海　口 Haikou			19 300

利用及污染治理项目（1999年）
and the Pollution Treatment Projects by Major Coastal Cities,1999

污 染 治 理 项 目 情 况 （个）

Number of Projects for Pollution Treatment

当年开工项目 Started in the Year		当年竣工项目 Completed in the Year	
治理废水 Treatment of Waste Water	治理固体废物 Treatment of Solid Wastes	治理废水 Treament of Waste Water	治理固体废物 Treatment of Solid Wastes
204	37	173	12
38	1	7	1
66	1	56	1
262	11	166	8
4		4	
176	4	124	4
166	3	133	1
95	1	69	1
88	6	83	4
122	3	100	3
84	3	73	2
64		58	
87		87	
21		12	
23		23	
12	2	3	
2	1		1

10-6 海洋类型自然保护区建设情况（截至1999年）
Construction of Marine Nature Reserves, As of 1999

地区 Region	保护区数量（个） Number of Reserves							保护区面积 (平方公里) Area (km^2)
	保护级别 Class				保护类别 Type			
	合计 Total	国家级 Nationial	省级 Provincial	地、县级 City and County	海洋海岸生态系统 Marine and Coastal Ecological System	海洋自然遗迹 Marine Natural Remains	海洋生物多样性 Marine Biodiversity	
合计 Total	**59**	**15**	**21**	**23**	**30**	**6**	**23**	**12 674.77**
天津 Tianjin	1	1				1		211.08
河北 Hebei	2	1	0	1	1	1		301.00
辽宁 Liaoning	8	2	1	5	2	2	4	2 579.70
上海 Shanghai	2		2		2			89.00
江苏 Jiangsu	2	1	0	1	2			4 568.00
浙江 Zhejiang	2	1	1		1	1		205.56
福建 Fujian	5	1	2	2	2	1	2	233.67
山东 Shandong	5	1	2	2	3		2	1 754.98
广东 Guangdong	9	2	5	2	2		7	948.97
广西 Guangxi	4	2	2		2		2	997.10
海南 Hainan	19	3	6	10	13		6	785.71

十一 海洋服务

MARINE SERVICE

11-1 沿海海滨观测台站分布概况（1999年）
Distribution of Coastal Observation Stations, 1999

单位：个　Unit: number

地　区 Region	合　计 Total	海洋站 Marine Station	验潮站 Tide Station	气象台站 Meteorological Station	地震观测站 Seismic Station	雷达站 Radar Station
总　计 Total	**478**	**60**	**195**	**124**	**163**	**1**
天　津 Tianjin	13		5	2	6	
河　北 Hebei	30	1		4	23	
辽　宁 Liaoning	49	9	3	7	24	1
上　海 Shanghai	28	3	50	1	6	
江　苏 Jiangsu	31	2	11	4	15	
浙　江 Zhejiang	61	9	36	19	13	
福　建 Fujian	64	10	10	18	22	
山　东 Shandong	72	9	3	33	22	
广　东 Guangdong	70	7	48	30	17	
广　西 Guangxi	18	3	6	4	5	
海　南 Hainan	22	7	3	1	10	

注：①验潮站总计中包括长江水利委员会的7个验潮站和珠江水利委员会的13个验潮站。
②气象台站仅指进行海洋天气预报的台站，总计中含有国家气象中心一个。

Note: ①Total of tide stations includes seven stations of Changjiang Committee and thirteen stations of Zhujiang Committee of the Ministry of Water Resources.
②The meteorological observatories and stations only refer to those which carry out weather forecasting, total of meterological station includes one station in National Meteorological Centre.

11-2 沿海地区风暴潮灾害情况(1999年)

Survey of Storm Surges by Coastal Regions, 1999

时　间 Date	最大增水 (厘米) Max. Set-up (cm)	受灾地区 Disaster Regions	受灾人口 (万人) Affected Population (10 000 persons)	淹没农田面积 (万公顷) Inundated Area of Farmland (10 000 hm^2)
合　计 **Total**			**452.54**	**18.48**
6月6日 June 6	103	广东 Guangdong		
10月9日 October 9	122	福建 Fujian	452.54	18.48

续表　continued

时　间 Date	冲毁桥涵 (座) Bridges and Culverts (number)	毁坏公路 (公里) Destroyed Highway (km)	倒塌房屋 (万间) Collapsed Houses (10 000)	水产养殖损失 (万公顷) Loss of Aquaculture (10 000 hm^2)	死亡人数 (人) Number of Deaths (person)	经济损失 (亿元) Economic Loss (100 million yuan)
合　计 **Total**			**17.50**	**1.14**	**75**	**47.9**
6月6日 June 6					3	7.9
10月9日 October 9			17.50	1.14	72	40.0

11－3　沿海地区赤潮灾害情况（1999年）
Survey of Red Tide by Coastal Regions, 1999

时间 Date	海区 Position	藻类 Alge
2月 February	广东饶平 Raoping, Guangdong	
3月14~15日 From March 14 To March 15	广东大鹏湾南澳海域 Nan'ao Sea Area, Dapeng Bay, Guangdong	
3月25~29日 From March 25 To March 29	广东大亚湾衙前海域，大鹏湾盐田海域 Yaqian Sea Area, Daya Bay, Guangdong and Yantian Sea Area, Dapeng Bay, Guangdong	
5月14~16日 From May 14 To May 16	浙江舟山 Zhoushan, Zhejiang	
5月20~26日 From May 20 To May 26	广东大亚湾惠州港 Huizhou Harbor, Daya Bay, Guangdong	
6月10~26日 From June 10 To June 26	广东饶平县杨林湾 Yanglin Bay, Raoping Country, Guangdong	球形棕囊藻 Phaeocystis pouchetii
7月2~4日 From July 2 To July 4	天津大沽锚地，河北岐口以东海域，山东老黄河口 Dagu Anchorage Ground, Tianjin, Eastern of Qikou Sea Area, Hebei and Old Huanghe Estuary, Shandong	
7月10~23日 From July 10 To July 23	广东饶平 Raoping, Guangdong	
7月13~21日 From July 13 To July 21	辽宁辽东湾 Liaodong Bay，Liaoning	夜光藻 Noctiluca scintillans
7月17~21日 From July 17 To July 21	辽宁省蛇岛 Snake Island, Liaoning	夜光藻 Noctiluca scintillans

续表 continued

时 间 Date	海 区 Position	藻 类 Alge
7月17日 July 17	山东北城隍岛 Beichenghuang Island, Shandong	夜光藻 Noctiluca scintillans
7月18日 July 18	辽宁大连旅顺口至付家庄海域 Lushunkou To Fujiazhuang Sea Area, Dalian, Liaoning	
7月23日 July 23	山东胶州湾小港、团岛嘴至沧口水道 Xiaogang, Jiaozhou Bay and Tuandao Mouth To Cangkou Channel, Shandong	骨条藻 Skeletonema
7月26日 July 26	山东青岛小麦岛 Xiaomai Island, Qingdao,Shandong	
8月6日 August 6	山东石岛附近海域 Nearshore Sea Area, Shidao,Shandong	
9月25日 September 25	渤海中部 Middle of Bohai Sea	

11-4 海洋监测情况（1999年）
Marine Monitoring Statistics, 1999

项 目 Item	合 计 Total	台站监测 Station Monitoring	污染监测 Pollution Monitoring	浮标监测 Buoy Monitoring	断面监测 Sectional Monitoring	验朝井 Tide Station
站点（个） Number of Station	672	60	342	3	165	102
数据（万组） Data(10^4 group)	2 085.7	1 995.8	1.2	7.0	2.0	79.7

11-5 海洋调查概况（1999年）
Marine Survey Statistics, 1999

调查名称 Name	时间 Time	海区 Sea Area	测线及测站 Survey Line and Station	调查项目 Item	实施单位 Implementing Units
断面调查 Profile Survey	2月 February 8月 August	渤海 Bohai Sea 黄海 Huanghai Sea 东海 East China Sea 南海北部 South China Sea 北部湾 Beibu Bay	17条断面 17 lines 72个测站 72 Observation Stations	水文 Hydrology 化学 Chemistry 水质 Water Quality 沉积 Sedimentation 气象 Meteorology	国家海洋局 State Oceanic Administration
气旋爆发过程调查 Cyclonic Explosion Survey	6月 June 8月 August	黄海 Huanghai Sea 东海 East China Sea	4个断面 4 lines 53个CTD测站 53 CTD Observation Stations	CTD观测 CTD Obsevatron 浮标、气象观测 Buoy, Meteorology Observation 拖拽式ADCP观测 Towed ADCP Observation	国家海洋局 State Oceanic Administration
大气监测 Monitoring of Air	3月 March 8月 August 10月 October	渤海 Bohai Sea 黄海 Huanghai Sea 南海 South China Sea	13个测站 13 Observation Stations	化学 Chemistry	国家海洋局 State Oceanic Administration
海洋环境污染监测 Monitaing of Marine Enviromental Pollution	5月 May 6月 June 8月 August 10月 October 11月 November	渤海 Bohai Sea 黄海 Huanghai Sea 南海 South China Sea	209个测站 209 Observation Stations	化学 Chemistry 生物 Biology 水质 Water Quality 地质	国家海洋局 State Oceanic Administration

11-6 海洋预报服务概况（1999年）
Marine Forecast Service,1999

预报项目 Item	预报次数 Frequency	发布份数 Copies Released								
		合计 Total	电视 TV	广播 Radio	报纸 News-paper	传真 Fax	电报 Tele-gram	电传 Telex	信函 Letter	因特网 Inte-rnet
合计 Total	**44 511**	**75 226**	**13 170**	**10 256**	**5 527**	**33 511**	**817**	**7 024**	**4 146**	**755**
海洋水文 Marine Hydrology	36 081	59 511	12 531	8 435	5 112	23 355	520	5 506	4 052	
内：海浪 Wave	16 356	23 218	4 717	3 278	1 460	10 568	273	2 557	365	
海温 Sea Level Temperature	9 808	18 468	3 856	2 599	1 827	6 065		1 224	2 897	
潮汐 Tide	9 436	15 732	3 848	2 545	1 825	5 672	183	1 596	63	
海冰 Sea Ice	333	770	12	9		163			586	
风暴潮 Storm Surge	148	1 323	98	4		887	64	129	141	
专项 Special Item	8 430	15 715	639	1 821	415	10 156	297	1 518	94	755

注：本表只包含国家海洋局资料。

Note: This table only contains the data from the State Oceanic Administration.

十二 世界海洋经济

WORLD MARINE ECONOMICS

12-1 主要沿海国家国内生产总值

Gross Domestic Products of Major Coastal Countries

国家或地区 Country or Territory	海岸线长度 （公里） Lenghth of Coastline (km)	国内生产总值（亿本币） GDP(National Currency 100 million)		
		单 位 Unit	年 份	
			1997	1998
美国　United States	22 680	（美元）(U S $)	81 109	87 599
日本　Japan	30 000	（日元）(Yen)	5 072 710	4 952 110
德国　Germany	1 300	（德国马克）(Deutsche mark)	36 463	37 844
英国　United Kingdom	11 450	（英镑）(Pounds)	7 866	8 474
法国　France	3 000	（法郎）(Francs)	81 273	85 647
意大利　Italy	7 000	（里拉）(Lire)	19 507 000	20 577 000
加拿大　Canada	20 000	（加元）(Dollars)	8 663	8 957
澳大利亚　Australia	20 125	（澳元）(Dollars)	5 294	5 791
俄罗斯　Russian Fed.	34 000	（卢布）(Rouple)	25 630	26 964
波兰　Poland	491	（兹罗提）(Zloty)	4 447	
印度　India	6 083	（卢比）(Rupees)	156 355	176 261
印度尼西亚　Indonesia	35 000	（卢比）(Rupiahs)	6 255 060	12 537 900
菲律宾　Philippines	18 533	（比索）(Pesos)	24 236	26 671
泰国　Thailand	3 219	（ 铢 ）(Baht)	48 272	46 044
马来西亚　Malaysia	4 675	（林吉特）(Ringgit)	2 754	2 845
新加坡　Singapore	193	（新加坡元）(Dollars)	1 430	1 413
缅甸　Myanmar	3 060	（缅元）(Kyats)	10 675	15 600
孟加拉国　Bangladesh	580	（塔卡）(Taka)	14 031	15 483
土耳其　Turkey	7 200	（里拉）(Liras)	287 210 000	516 250 000
韩国　Korea Rep.	2 413	（韩圆）(Won)	4 209 870	4 495 090
埃及　Egypt	2 450	（埃镑）(Pounds)	2 563	2 802
墨西哥　Mexico	9 330	（新比索）(New pesos)	31 874	37 912
巴西　Brazil	7 400	（雷亚尔）(Reais)	8 668	8 998
阿根廷　Argentina	4 989	（比索）(Pesos)	3 234	2 981

12-2 国家（地区）海洋渔区标称渔获量

Nominal Catches of Marine Fishing Regions by Country or Territory

单位：吨　Unit: ton

国家或地区 Country or Territory	1996	1997	1998
世界总计 World Total	**85 717 600**	**85 590 000**	**78 296 000**
阿尔巴尼亚 Albania	1 808*	833*	1 860
阿尔及利亚 Algeria	99 665	99 000	92 364
安哥拉 Angola	66 841	66 189	139 811
安提瓜和巴布达 Antigua Barb	530*	500*	500*
阿根廷 Argentina	1 236 856	1 339 066	1 116 823
澳大利亚 Australia	201 408*	186 162*	199 349*
巴哈马 Bahamas	9 866	10 439	10 126
巴林 Bahrain	12 940	10 050	9 849
孟加拉国 Bangladesh	279 170	293 937	300 452
巴巴多斯 Barbados	3 439	2 764	3 594
比利时 Belgium	30 312	29 989	30 324
伯里兹 Belize	977	1 223	2 206
贝宁 Benin	7 982	10 900	10 361
巴西 Brazil	522 173	540 000*	580 000
文莱 Brunei Darusm	7 390	4 504	5 014
保加利亚 Bulgaria	7 720	9 356	8 421
柬埔寨 Cambodia	31 200	29 800	32 200
喀麦隆 Cameroon	63 984	64 000*	65 000*
加拿大 Canada	861 572	905 466	954 071
佛得角群岛 Cape Verde	9 297	10 039	9 999
智利 Chile	6 690 993	5 811 567	3 265 302
科特迪瓦 Cote d'Ivoire	55 925	55 135	55 000*
哥伦比亚 Colombia	108 063	134 908	145 791
科摩罗群岛 Comoros	13 000*	12 500*	12 500*
刚果 Congo Rep.	19 600	19 095	20 000*
库克群岛 Cook Islands	952*	1 035*	995*
哥斯达黎加 Costa Rica	22 075	23 113	19 466
古巴 Cuba	74 905	75 329	61 122
塞浦路斯 Cyprus	2 575	2 319	2 421
丹麦 Denmark	1 681 321	1 826 620	1 556 986
多米尼加共和国 The Dominican Rep.	12 606	13 468	9 076
厄瓜多尔 Ecuador	684 506	552 600	309 622
埃及 Egypt	89 390	99 140	112 560
萨尔瓦多 El Salvador	10 080	7 815	11 970

续表1 continued

国家或地区 Country or Territory	1996	1997	1998
赤道几内亚 Eq. Guinea	4 140*	5 240*	5 035
爱沙尼亚 Estonia	106 085	121 174	114 836
法罗群岛 Faeroe Is.	306 860	329 736	376 270
福克兰群岛 Falkland Is.	32 170	18 110	44 745
斐济 Fiji	28 413	31 704	23 101
芬兰 Finland	131 459	132 469	133 686
波利尼西亚 Fr. Polynesia	9 910	11 617	11 353
法国 France	557 025	537 827	531 754
加蓬 Gabon	35 867	35 274	44 609
冈比亚 Gambia	29 101	29 754	26 502
格鲁吉亚 Georgia	2 790	6 199	2 997
德国 Germany	213 424	236 436	243 706
加纳 Ghana	403 029	376 483	368 192
希腊 Greece	145 688	153 890	106 469
格陵兰岛 Greenland	116 018	120 596	128 590
格林纳达 Grenada	1 280	1 408	1 713
瓜德罗普 Guadeloupe	9 570	10 500	9 084
危地马拉 Guatemala	3 653	1 775	4 324
几内亚 Guinea	79 553	98 989	65 764
几内亚比绍 Guinea-Bissau	6 750*	7 000*	6 800*
圭亚那 Guyana	47 783	56 584	56 409
海地 Haiti	5 500*	5 130*	4 769*
洪都拉斯 Honduras	13 956*	13 410*	14 762*
冰岛 Iceland	2 059 560	2 205 540	1 681 535
印度 India	2 825 639	2 872 667	2 564 602
印度尼西亚 Indonesia	3 221 916	3 309 890	3 383 140
伊朗 Iran	242 437	238 476	226 500
伊拉克 Iraq	11 688	10 783	13 463
爱尔兰 Ireland	329 224	289 068	320 787
以色列 Israel	3 046	3 459	4 136
意大利 Italy	353 568	339 284	310 926
牙买加 Jamaica	12 133*	7 758*	6 120
日本 Japan	5 842 625	5 798 323	5 180 267
肯尼亚 Kenya	5 889	6 099	6 600
基里巴斯 Kiribati	23 500*	23 000*	33 858*
朝鲜 Korea D. P. Rep.	233 125	216 462	200 000*
韩国 Korea Rep.	2 405 679	2 197 113	2 020 089

续表2 continued

国家或地区 Country or Territory	1996	1997	1998
科威特 Kuwait	8 255	7 826	7 799
拉脱维亚 Latvia	142 108	105 138	101 830
黎巴嫩 Lebanon	4 115	3 635	3 500
利比里亚 Liberia	3 232	4 580	6 830
利比亚 Libya	34 132*	32 749*	33 594*
立陶宛 Lithuania	53 889	16 609	19 037
马达加斯加 Madagascar	84 475	86 391	84 394
马来西亚 Malaysia	1 126 689	1 168 973	1 149 093
马尔代夫 Maldives	105 558	107 676	118 183
马耳他 Malta	825	867	979
马尔提尼克 Martinique	3 266	5 000*	5 500
毛里塔尼亚 Mauritania	81 000*	76 000*	79 000*
毛里求斯 Mauritius	12 379	13 734	12 026
墨西哥 Mexico	1 341 583	1 375 468	1 060 985
密克罗尼西亚 Micronesia	9 472*	9 423*	15 388*
摩洛哥 Morocco	636 293	781 515	706 629
莫桑比克 Mozambique	27 405	28 074	27 805
缅甸 Myanmar	635 530	672 931	719 328
纳米比亚 Namibia	265 787	289 624	350 693
荷属安的列斯群岛 Neth Antiles	996*	1 100*	1 020*
荷兰 Netherlands	408 641	449 506	535 079
新喀里多尼亚 New Caledonia	2 807	2 269	2 880
新西兰 New Zealand	420 025	594 992	634 304
尼加拉瓜 Nicaragua	14 300	12 000*	18 636
尼日利亚 Nigeria	248 469	255 225	225 622
挪威 Norway	2 638 226	2 855 723	2 849 921
阿曼 Oman	119 807	117 049	100 116
巴基斯坦 Pakistan	395 340	422 137	433 456
帛琉群岛 Palau	1 500*	1 500*	1 425*
巴拿马 Panama	140 197	162 410	208 816
巴布亚新几内亚 Papua N Guin	23 700*	31 420*	54 020*
秘鲁 Peru	9 486 158	7 837 650	4 303 110
菲律宾 Philippines	1 606 238	1 646 692	1 681 500
波兰 Poland	319 262	339 829	224 991
葡萄牙 Portugal	260 422	221 923	223 961
波多黎各 Puerto Rico	2 311	2 634	2 118
卡塔尔 Qatar	4 739	5 032	5 279
留尼汪岛 Reunion	5 195	5 882	6 453

续表3　continued

国家或地区 Country or Territory	1996	1997	1998
罗马尼亚 Romania	12 114	3 872	4 431
俄罗斯 Russian Fed.	4 443 394	4 434 762	4 183 448
萨摩亚群岛 Samoa Is.	3 600	4 590	7 232
圣多美和普林西比 Sao Tome and Principe	2 900*	3 338	3 305
沙特阿拉伯 Saudi Arabia	47 709	49 395	54 174
塞内加尔 Senegal	388 759	426 366	382 872
塞舌尔 Seychelles	4 645	5 344	17 790
塞拉利昂 Sierra Leone	46 830*	54 209	48 510
新加坡 Singapore	9 943	9 250	8 155
索罗门群岛 Solomon Is.	54 226*	53 431*	58 554*
索马里 Somalia	15 750*	15 400*	15 750*
南非 South Africa	435 429	508 540	557 932
西班牙 Spain	1 091 097*	1 092 075*	1 097 847*
斯里兰卡 Sri Lanka	210 250	214 750	236 200
苏丹 Sudan	4 500	5 000	5 500
苏里南 Suriname	12 999*	12 850*	12 760*
瑞典 Sweden	369 071	355 395	409 327
叙利亚 Syria	2 670	2 574	2 750
坦桑尼亚 Tanzania	48 186	50 210	48 000
泰国 Thailand	2 752 101	2 683 305	2 708 992
多哥 Togo	10 098	9 290	11 655
汤加 Tonga	2 841	2 739	3 903
特立尼达和多巴哥 Trinidad Tob	14 360	15 000	14 500*
突尼斯 Tunisia	83 028	86 005	88 377
土耳其 Turkey	474 243	404 350	432 700
特克斯和凯科斯群岛 Turks Caicos Is.	1 347*	1 350*	1 318
美国 United States	4 968 012	4 971 706	4 672 851
英国 United Kingdom	863 177	885 963	918 517
乌克兰 Ukraine	407 651	366 790	457 422
阿拉伯联合酋长国 United Arab Em.	107 000	114 358	114 739
乌拉圭 Uruguay	122 732	134 677	138 678
瓦努阿图 Vanuatu	2 925*	2 589*	40 915*
委内瑞拉 Venezuela	429 479	436 776	460 142
越南 Viet Nam	962 500*	1 000 000*	1 060 660*
也门 Yemen	101 241	112 834	110 000*

注：　*为联合国粮农组织FAO估算值。

资料来源：　《渔业统计年鉴》，联合国粮农组织，1998年Vol. 86.（表12-3同）

Note:　*is estimated by FAO from available sources of information or calculation based on specific assumptions.

Source:　"Yearbook of Fishery",FAO,Vol.86, 1998 (Same as Table 12-3).

12-3 国家（地区）海藻和其他品种养殖产量
Production of Seaweeds and Other Plants by Country or Territory

单位：吨 Unit: ton

国家或地区 Country or Territory	1996	1997	1998
世界总计 World Total	**1 138 200**	**1 193 800**	**1 081 800**
阿根廷 Argentina	487	548	2 330*
澳大利亚 Australia	18 570	21 152	20 811
加拿大 Canada	24 332	34 696	12 489
智利 Chile	216 815	178 839	197 495
库克群岛 Cook Is.	45*	50*	50*
爱沙尼亚 Estonia	163	2 444	2 880
菲济 Fiji	40*	50*	60
法国 France	84 372	75 502	67 032
冰岛 Iceland	14 411	19 505	17 770
印度 India	90 000*	95 000*	100 000*
印度尼西亚 Indonesia	13 543	15 000	16 680
意大利 Italy	600	600	2 000
日本 Japan	146 592	139 674	116 892
韩国 Korea Rep.	22 916	23 234	12 599
马达加斯加 Madagascar	787	800	2 510
墨西哥 Mexico	34 496	41 975	12 456
摩洛哥 Morocco	7 625	8 094	7 049
纳米比亚 Namibia	936	851	897
挪威 Norway	173 160	191 681	179 762
秘鲁 Peru	80	39	1 650
菲律宾 Philippines	884	494	506
葡萄牙 Portugal	1 703	1 743	4 840
俄罗斯 Russian Fed.	18 667	26 441	30 279
塞内加尔 Senegal	100*	100*	100*
南非 South Africa	6200*	6 400*	6 000*
西班牙 Spain	7 700*	7 900*	2 500*
坦桑尼亚 Tanzania	1 000*	3 610	4 000
乌克兰 Ukraine	1 190	331	314
英国 United Kingdom	5 000*	5 000*	8 000*
美国 United States	59 295	70 729	25 689

12-4 世界主要外贸海运量（1998年）

World Major Maritime Freight Traffic of Foreign Trade, 1998

	海运量（百万吨） Freight Traffic(million tons)		海运周转量（十亿吨海里） Ton-Kilometers(billion ton-sea mile)	
	1998	所占比例（%） percentage	1998	所占比例（%） percentage
合计 Total	**5 070**	**100**	**21 425**	**100**
原油 Crude Oil	1 550	31	7 820	36
成品油 Refined Oil	395	8	1 970	9
铁矿石 Ironstone	420	8	2 430	11
煤炭 Coal	465	9	2 215	10
谷物 Corn	190	4	1 050	5
其它 Others	2 050	40	5 940	28

注：①本表数据为估计数。

②资料来源：航运统计年鉴(表12-5，12-6，12-7，12-8同）。

Note: ①The table's data are estimated value.

②Source： Shipping Statistic Yearbook 1998,ISL(same as Table 12-5,12-6,12-7,12-8).

12-5　世界主要港口集装箱吞吐量（1998年）
World Major Seaports' Container Handled, 1998

单位：万TEU　Unit: 10000TEU

港口 Seaport	所属国家或地区 Country or Territory	吞吐量 Container Handled
新加坡　Singapore	新加坡 Singapore	1 513.6
香港　Hongkong	中国 China	1 458.2
高雄　Gaoxiong	中国 China	627.1
鹿特丹　Rotterdam	荷兰 Netherlands	600.4
釜山　Pusan	韩国 Korea Rep.	453.9
长滩　Long Beach	美国 United States	409.8
汉堡　Hamburger	德国 Germany	356.6
洛杉矶　Los Angeles	美国 United States	351.4
安特卫普　Antwerp	比利时 Belgium	326.6
上海　Shanghai	中国 China	306.6
迪拜　Dubayy	阿联酋 United Arab Emirates	280.4
东京　Tokyo	日本 Japan	249.5
纽约及新泽西　New York and New Jersey	美国 United States	246.6
焦亚陶罗 Jiaoyataoluo	意大利 Italia	212.6
横滨　Yokohama	日本 Japan	209.1
圣胡安　Sanguan	波多黎各 Puerto Rico	199.0
神户　Kobe	日本 Japan	190.1
马尼拉　Marila	菲律宾 Philippines	185.5
巴生港　Batang Port	马来西亚 Malaysia	182.0

注：*为估计值。

Note: *estimated value.

12-6 港口货物吞吐量居世界前20位的港口（1998年）
The World First Twenty Seaports of Cargo Handled in 1998

港口 Seaports	所属国家或地区 Country or Territory	吞吐量 Cargo Handled
高雄 Gaoxiong	中国 China	32 828.8
新加坡 Singapore	新加坡 Singapore	31 232.2*
鹿特丹 Rotterdam	荷兰 Netherlands	30 685.9*
南路易斯安那 Southern Louisana	美国 United States	19 797.4
香港 Hongkong	中国 China	16 717.0*
千叶 Chiba	日本 Japan	16 406.0
上海 Shanghai	中国 China	16 387.8
蔚山 Weishan	韩国 Korea Rep.	14 833.2
名古屋 Nagoya	日本 Japan	13 386.3
安特卫普 Antwerp	比利时 Belgium	11 978.9
横滨 Yokohama	日本 Japan	11 782.0
光阳 Guangyang	韩国 Korea Rep.	11 496.4
长滩 Long Beach	美国 United States	11 037.5
神户 Kobe	日本 Japan	10 004.8
休斯敦 Houston	美国 United States	9 775.8*
釜山 Pusan	韩国 Korea Rep.	9 643.4
仁川 Inchon	韩国 Korea Rep.	9 394.8
马赛 Marseilles	法国 France	9 342.1
东京 Tokyo	日本 Japan	8 839.2
北九州 Kitakyushu	日本 Japan	8 734.6

注：*仅指外贸货物吞吐量，其它则为内外贸货物吞吐量。

Note: *indicate foreign trade cargo handled, the others indicate domestic and foreign trade cargo handled.

12-7 海上商船队拥有量居世界前20位的国家或地区（1998年）
The World First Twenty Countries or Territories of Maritime Merchant Ships in 1998

国家或地区 Country or Territory	合计 Total		本国旗船 National Flag Ships		外国旗船 Foreign Flag Ships	
	艘数 (艘) Number of Vessels	载重吨 Deadweight Tons 万吨 10 000 tons	艘数 (艘) Number of Vessels	载重吨 Deadweight Tons 万吨 10 000 tons	艘数 (艘) Number of Vessels	载重吨 Deadweight Tons 万吨 10 000 tons
世界合计 World Total	**25 508**	**70 182.5**	**13 283**	**27 630.2**	**12 225**	**42 552.3**
希腊 Greece	3 067	12 726.6	796	4 315.4	2 271	8 411.2
日本 Japan	2 869	9 382.5	790	1 969.5	2 079	7 413.0
挪威 Norway	1 325	5 223.4	699	2 802.4	626	2 421.0
美国 United States	860	4 346.9	258	1 056.0	602	3 290.9
中国 China	1 829	3 624.9	1 397	2 068.3	432	1 556.6
中国香港 Hongkong, China	562	3 166.4	103	555.4	459	2 611.0
德国 Germany	1 737	2 609.8	570	945.7	1 167	1 664.1
韩国 Korea Rep.	785	2 563.2	376	706.5	409	1 856.7
瑞典 Sweden	390	2 106.8	155	165.3	235	1 941.5
英国 United Kingdom	645	1 920.6	229	551.0	416	1 369.6
新加坡 Singapore	687	1 781.7	424	1 065.8	263	715.9
中国台湾 Taiwan, China	462	1 762.5	160	759.0	302	1 003.5
俄罗斯 Russian Fed.	1 613	1 415.1	1 334	741.7	279	673.4
丹麦 Denmark	572	1 299.3	352	674.9	220	624.4
印度 India	332	1 182.2	268	1 033.2	64	149.0
沙特阿拉伯 Saudi Arabia	109	1 119.9	49	101.9	60	1 018.0
意大利 Italy	519	1 096.4	392	681.7	127	414.7
土耳其 Turkey	473	894.5	422	837.4	51	57.1
巴西 Brazil	180	821.3	161	601.5	19	219.8
比利时 Belgium	132	751.6	1	0.3	131	751.3

注：1. 部分数据未经核实，仅供参考；
2. 本表按船舶所属母公司所在地统计，范围为1000总吨及以上船舶，截止日期均为1999年1月1日。

Note: 1. Some data in the table have not been verified and are presented here just for reference.
2. Statistics are made in this table by the seats of the parent companies to which the ships belong, covering the ships of 1000 total tons and more. The closing date is Jan. 1, 1999.

12-8 海上商船灭失量居世界前20位的国家或地区（1998年）

The World First Twenty Countries or Territories of Destroyed Maritime Merchant Ships, 1998

国家或地区 Country or Territory	艘数(艘) Number of Vessels	总吨 grt	
		万吨 10 000 tons	占世界% Percent
世界总计 **World Total**	94	52.0	100.0
巴拿马 Panama	12	9.6	18.5
菲律宾 Philippines	2	5.3	10.2
巴哈马 Bahamas	6	5.3	10.2
圣文森特 St.Vincent	6	5.1	9.8
马耳他 Malta	3	3.8	7.3
塞浦路斯 Cyprus	5	3.3	6.3
利比里亚 Liberia	2	2.7	5.2
中国 China	3	2.6	5.0
伯利兹 Belize	10	2.5	4.8
土耳其 Turkey	2	1.1	2.1
安提瓜和巴布达 Antigua Barb	3	1.1	2.1
俄罗斯 Russian Fed.	5	1.0	1.9
印度尼西亚 Indonesia	3	0.9	1.7
洪都拉斯 Honduras	3	0.6	1.2
叙利亚 Syria	1	0.3	0.6
西班牙 Spain	1	0.3	0.6
美国 United States	2	0.3	0.6
马来西亚 Malaysia	1	0.3	0.6
韩国 Korea Rep.	1	0.3	0.6
新加坡 Singapore	1	0.2	0.4

注：统计范围为500吨及以上船舶。

Note: Data of the table refers the vessels ≥ 500 tons.

12-9 世界部分沿海国家（地区）入境旅游者人数
International Tourists Entering to Some Coastal Countries(Territories)

单位：人 Unit: person

国家或地区 Country or Territory	1996	1997	1998
安圭拉岛 Anguilla	37 498	43 181	
安提瓜和巴布达 Antigua Barb uda	220 475	232 141	226 000
阿根廷 Argentina	2 614 000	2 764 000	2 970 000
阿鲁巴 Aruba	640 836	645 983	647 000
巴哈马 Bahamas	1 633 105	1 617 595	1 540 000
孟加拉 Bangladesh	165 887	182 420	172 000
巴巴多斯 Barbados	447 047	472 290	512 000
百慕大群岛 Bermuda	390 405	380 060	369 000
不丹 Bhutan	5 150	5 362	6 200
博奈尔岛 Bonaire	65 080	62 776	62 000
巴西 Brazil	2 665 508	2 849 750	4 818 000
布隆迪 Burundi	26 670	10 662	15 000
柬埔寨 Cambodia	260 489	218 843	286 000
加拿大 Canada	17 285 300	17 635 900	18 867 000
开曼群岛 Cayman Islands	373 245	381 188	404 000
智利 Chile	1 449 528	1 643 640	1 759 000
哥伦比亚 Colombia	1 254 000	969 000	841 000
科摩罗 Comoros	23 775	26 219	27 000
库克群岛 Cook Islands	48 819	49 964	49 000
哥斯达黎加 Costa Rica	781 127	811 490	943 000
科特迪瓦 Cote d'Ivoire	236 913	274 094	301 000
库瓦考 Cubacao	218 969	208 828	
塞浦路斯 Cyprus	1 950 000	2 088 000	2 223 000
多米尼加 Dominica	63 259	65 446	66 000
萨尔瓦多 El Salvador	282 835	387 052	542 000
埃塞俄比亚 Ethiopia	108 885	114 732	91 000
斐济 Fiji	339 560	359 441	371 000

续表1 continued

国家或地区 Country or Territory	1996	1997	1998
法国 France	62 406 000	67 310 000	70 040 000
法属波利尼西亚 Fr. Polynesia	163 774	180 440	189 000
冈比亚 Gambia	76 814	84 751	91 000
加纳 Ghana	304 860	325 434	
希腊 Greece	9 233 295	10 070 325	10 916 000
格林纳达 Grenada	108 230	110 749	116 000
危地马拉 Guatemala	520 085	576 361	636 000
圭亚那 Guyana	91 924	75 737	66 000
夏威夷 Hawaii	6 825 130	6 876 150	6 738 000
洪都拉斯 Honduras	20 674 199	17 248 257	
冰岛 Iceland	200 835	201 666	232 000
印度 India	2 287 860	2 374 094	2 359 000
印度尼西亚 Indonesia	5 034 472	5 185 000	4 606 000
伊朗 Iran	567 334	739 711	1 008 000
爱尔兰 Ireland	5 282 000	5 587 000	6 064 000
以色列 Israel	2 100 051	2 010 242	1 942 000
牙买加 Jamaica	1 162 449	1 192 194	1 225 000
日本 Japan	3 837 113	4 218 208	4 106 000
肯尼亚 Kenya	925 000	907 000	857 000
黎巴嫩 Lebanon	424 000	557 568	600 000
马达加斯加 Madagascar	82 681	101 000	121 000
马来西亚 Malaysia	7 138 452	6 210 921	5 551 000
马尔代夫 Maldives	338 733	366 000	396 000
马耳他 Malta	1 053 788	1 111 161	1 182 000
马歇尔群岛 Marshall Islands	6 229	6 354	6 400
马尔提尼克 Martinique	476 880	513 229	549 000
毛里求斯 Mauritius	486 867	536 125	558 000
墨西哥 Mexico	21 404 500	19 351 027	19 810 000

续表 2 continued

国家或地区 Country or Territory	1996	1997	1998
摩洛哥 Morocco	2 693 337	3 071 668	3 242 000
新喀里多尼亚 New Caledonia	91 121	105 137	104 000
尼加拉瓜 Nicaragua	302 694	358 439	406 000
巴基斯坦 Pakistan	368 662	374 800	429 000
帛琉群岛 Palau	72 478	73 719	64 000
巴布亚新几内亚 Papua New Guinea	61 215	66 102	67 000
巴拉圭 Paraguay	42 561	395 058	350 000
秘鲁 Peru	584 388	649 287	820 000
葡萄牙 Portugal	9 730 200	10 172 423	11 295 000
波多黎各 Puerto Rico	3 065 056	3 249 000	3 396 000
留尼汪岛 Reunion	346 898	370 255	391 000
菲律宾 Philippines	2 049 367	2 222 523	2 149 000
塞舌尔 Seychelles	130 955	130 070	128 000
塞拉利昂 Sierra Leone	21 877	25 579	
所罗门群岛 Solomon Islands	11 217	15 894	13 000
南非 South Africa	4 944 430	5 653 000	5 898 000
斯里兰卡 Sri Lanka	302 265	366 165	381 000
苏里南 Suriname	53 228	61 361	54 000
泰国 Thailand	7 244 400	7 293 957	7 843 000
汤加 Tonga	26 642	26 162	27 000
特里尼达和多巴哥 Trinidad and Tobago	265 900	324 293	348 000
突尼斯 Tunisia	3 884 593	4 263 107	4 718 000
特克斯和凯科斯群岛 Turks and Caicos Islands	87 839	93 011	111 000
图瓦卢 Tuvalu	898	1 000	1 100
美国 United States	46 488 866	47 754 476	46 395 000
瓦努阿图 Vanuatu	46 123	48 701	52 000
委内瑞拉 Venezuela	759 168	814 000	685 000
越南 Viet Nam	1 607 155	1 715 637	1 520 000

资料来源：《世界旅游年鉴》，世界旅游组织。

Source: "Yearbook of Tourism Statistics",World Tourism Organization.

附录 主要指标解释

EXPLANATORY NOTES ON MAJOR STATISTICAL INDICATORS

1. 沿海地区 是指有海岸线（大陆岸线和岛屿岸线，）的地区，按行政区划分为沿海省（直辖市、自治区）。

2. 沿海城市 有海岸线的城市，包括直辖市和地级市。

3. 沿海区 直辖市中有海岸线的区。

4. 沿海县 是指有海岸线的县和县级市。

5. 国内生产总值 指一个国家（或地区）所有常驻单位在一定时期内生产活动的最终成果。国内生产总值有三种表现形态，即价值形态、收入形态和产品形态。从价值形态看，它是所有常驻单位在一定时期内生产的全部货物和服务价值超过同期中间投入的全部非固定资产货物和服务价值的差额，即所有常驻单位的增加值之和；从收入形态看，它是所有常驻单位在一定时期内创造并分配给常驻单位和非常驻单位的初次收入分配之和；从产品形态看，它是所有常驻单位在一定时期内最终使用的货物和服务价值与货物和服务净出口价值之和。在实际核算中，国内生产总值有三种计算方法，即生产法、收入法和支出法。三种方法分别从不同的方面反映国内生产总值及其构成。

6. 三次产业 是根据社会生产活动历史发展的顺序对产业结构的划分，产品直接取自自然界的部门称为第一产业，对初级产品进行再加工的部门称为第二产业，为生产和消费提供各种服务的部门称为第三产业。它是世界上较为通用的产业结构分类，但各国的划分不尽一致。我国的三次产业划分是：

第一产业 农业(包括种植业、林业、牧业、副业和渔业)。

第二产业 工业(包括采掘工业、制造业、自来水、电力、蒸气、热水、煤气)和建筑业。

第三产业 除第一、第二产业以外的其他各业。由于第三产业包括的行业多、范围广，根据我国的实际情况，第三产业可分为两大部门：一是流通部门，二是服务部门。具体又可分为四个层次。

第一层次：流通部门，包括交通运输业、邮电通讯业、批发和零售贸易及仓储。

第二层次：为生产和生活服务的部门，包括金融、保险业、地质勘查业、水利管理业，房地产业、社会服务业、农、林、牧、渔服务业和综合技术服务业等。

第三层次：为提高科学文化水平和居民素质服务的部门，包括教育、文化、广播电视，研究、卫生、体育和社会福利事业等。

第四层次：为社会公共需要服务的部门，包括国家机关、政党机关、社会团体以及军队和警察等。

7. 工业总产值 是以货币表现的工业企业在一定时期内生产的已出售或可供出售工业产品总量，它反映一定时间内工业生产的总规模和总水平。它包括：在本企业内不再进行加工，经检验、包装入库（规定不需包装的产品除外）的成品价值，对外加工费收入，自制半成品、在产品期未初差额价值。工业总产值采用“工厂法”计算，即以工业企业作为一个整体，按企业工业生产活动的最终成果来计算，企业内部不允许重复计算，不能把企业内部各个车间（分厂）生产的成果相加。但在企业之间、行业之间、地区之间存在着重复计算。

8. 农业总产值 指以货币表现的农、林、牧、渔业全部产品的总量，它反映一定时期内农业生产总规模和总成果。农业总产值的计算方法通常是按农林牧渔业产品及其副产品的产量分别乘以各自单位产品价格求得；少数生产周期较长，当年没有产品或产品产量不易统计的，则采用间接方法匡算其产值；然后将四业产品产值相加即为农业总产值。

（1）农业 包括农作物种植业和其他农业。

（2）林业 包括林木栽培(不包括茶园、桑园和果园的栽培、管理和收获等活动)、林产品的采集和村及村以下合作经济组织和农户的竹木采伐。

（3）牧业 包括除渔业养殖以外的一切动物饲养和放牧以及野生动物的捕猎和饲养。

（4）渔业 包括水生动物和海藻类植物的养殖和捕捞。

9. 增加值 是指各行各业生产经营和劳务活动的最终成果，采用生产法和收入法两种方法计算。

生产法 是从货物和服务活动在生产过程中形成的总产品入手，剔除生产过程中投入的中间产品价值，得到新增价值的方法。

收入法 又称分配法，按收入法计算国内生产总值是从生产过程创造的收入的角度对常住单位的生产活动成果进行核算，按照此法计算，增加值由劳动者报酬、固定资产折旧、生产税净额和营业盈余四个部分组成。

10. 年末总人口 是指每年12月31日24时一定地区范围内的有生命的个人的总和。

11. 农业人口 是指依靠从事农业(包括牧、渔、林业生产)维持生活的人口及由他们抚养的人口。

12. 非农业人口 是指依靠从事农业以外的职业维持生活的人口及他们抚养的人口。

13. 社会从业人员 是指从事一定社会劳动并取得劳动报酬或经营收入的人员，包括全部 职工、再就业的离退休人员、私营业主、个体户主、私营和个体从业人员、乡镇企业从业人员、农村从业人员、其他从业人员（包括民办教师、宗教职业者、现役军人等）。这一指标反映了一定时期内全部劳动力资源的实际利用情况，是研究我国基本国情国力的重要指标。

14. 单位从业人员 指在各级国家机关、政党机关、社会团体及企业、事业单位中工作，取得工资或其他形式的劳动报酬的全部人员。包括在岗职工、再就业的离退休人员、民办教师以及在各单位中工作的外方人员和港澳台方人员、兼职人员、借用的外单位人员和第二职业者。不包括离开本单位仍保留劳动关系的职工。各单位从业人员反映了各单位实际参加生产或工作的全部劳动力。

15. 海洋产业 是人类利用海洋资源和空间所进行的各类生产和服务活动。分为以下五个方面。

（1）从事直接从海洋获取产品的生产和服务；

（2）从事直接从海洋获取的产品的一次加工生产和服务；

（3）从事直接应用于海洋的产品的生产和服务；

（4）利用海水或海洋空间作为生产过程的基本要素所进行的生产和服务；

（5）海洋科学研究、教育、技术服务和管理。

16. 海洋产业总产值 是指各类海洋产业总产值之和。目前海洋产业总产值是指海洋水产、海洋交通运输、海洋盐业、海洋石油、海滨砂矿、滨海旅游、海洋修造船等产业总产值之和。

17. 利税总额 计算方法为： 利润总额+应交增值税+产品销售税金及附加。

18. 企业个数 指具有法人资格的独立核算企业的个数。

19. 海洋水产品产量 指从海洋和海水养殖水域中捕捞的海水产品产量。包括海水中的鱼类、虾蟹类、贝类、藻类以及其他海水产品。

鱼类 包括各种海洋鱼类，如大黄鱼、小黄鱼、带鱼、鳓鱼、马鲛、鲳鱼、鲷鱼、鲐鱼、蓝圆鲹、鳀鱼、远东拟沙丁鱼、太平洋鲱、海鳗、石斑鱼、梭鱼、金线鱼、马面鲀等。

虾蟹类 包括各种海水虾和蟹，如对虾、鹰爪虾、龙虾、毛虾、梭子蟹、青蟹等。

贝类 包括墨鱼、鱿鱼、牡蛎、蚶、蛤、贻贝、扇贝、鲍鱼、红螺以及其他经济价值较高的贝类。

藻类 包括海带、紫菜、裙带菜、石花菜、海箩、麒麟菜、江蓠以及其他经济价值较高的藻类。

其他海水产品 包括海蜇、海参、海兽、珍珠等海水经济动植物。

20. 海洋捕捞产量 凡从海洋里捕捞的天然生长的水产品产量为捕捞产量。

21.海水养殖产量 凡是从人工投放苗种或天然纳苗并进行人工饲养管理的海水养殖水域中捕捞的水产品产量计算为海水养殖产量。

22. 海水养殖面积 是指利用滩涂、浅海、港湾进行鱼、虾蟹、贝、藻等海水经济动植物的人工养殖的水面面积。在报告期内无论是否全部收获或尚未收获其产品，均应统计在海水养殖面积中。

但有些滩涂、水面不投放苗种或投放少量苗种，只进行一般管理的，不统计为养殖面积。

(1) **浅海养殖** 是指在可养殖的浅海中进行海水经济动植物养殖。

(2) **港湾养殖** 是指利用港、湾，或在海边、河口附近的滩涂、洼地拦闸筑堤进行海水养殖。

(3) **滩涂养殖** 是指利用位于海边潮间带的软泥或砂泥地带加以平整、筑堤、建坝等进行海水养殖。

23. 海洋水产加工业 海洋水产加工品是指采用各种生产技术和工艺，防止水产品腐败变质，保持原有营养成分和独特风味；或改变水产品原始性状，制成各种用途的产品。从事海洋水产加工品生产的企业称为海洋水产加工企业。水产品加工能力是指建厂时设计的及后来改扩建新增的年加工处理水产品的能力。水产加工品种类包括冷冻水产品、干制品、腌、熏制品、罐制品、鱼糜及鱼糜制品、动物蛋白饲料、水产动物内脏制品助剂和添加剂、水产调味品、医药品及其他水产加工品。

24. 海洋水产品产值 是以货币表现的一定时期（通常为一年）海洋捕捞养殖水产品的总量。包括：（1）人工养殖的水生动物和海藻的产值；（2）天然水生动物捕捞和天然海藻采集的产值。

25. 海洋水产工业产值 是指海洋水产加工产值、渔船渔机仪器修造产值与渔用网绳制造产值之和。

26. 渔船拥有量 是指海洋水产行业内各种经济类型包括国有、集体、个体私营、合作联营等形式（中外合作经营船属中方所有）的企业和单位年末所拥有的用于海洋渔业生产的机动和非机动船。水产科研单位、学校从事水产科研考察和实习用的渔船以及商业部门的收购运输船不包括在内。

27. 海洋机动渔船 是指配置机器作为动力的从事海洋渔业生产和辅助渔业生产的船舶。

总吨 是根据国际海事组织船舶吨位丈量公约的有关条款确定船舶吨位的一种计量单位。它以船舶容积每 2.83 立方米（或 100 立方英尺）为 1 吨。

28. 渔业乡、渔业村 在沿海地区，凡经营方针以海洋渔业为主，从事海洋渔业生产的劳动力占全部劳动力（均按整劳动力计算）60%以上的乡、村，即为海洋渔业乡和渔业村，有的乡、村从事渔业生产的劳动力数量达不到上述比重，但经营方针一向是以海洋渔业为主，并经上级主管部门批准定为海洋渔业乡、村的，亦可统计为海洋渔业乡和渔业村。

29. 渔业人口 是指直接从事渔业生产活动的劳动者及其赡（抚）养的人口。具体包括：

（1）直接从事海洋渔业的捕捞、养殖、后勤生产的在业人口；

（2）兼营海洋渔业和其他非海洋渔业劳动者中，凡从事渔业生产活动时间全年累计达到或过 3 个月者，或者虽全年累计不足 3 个月，但渔业纯收入占纯收入总额比重超 50%者；

（3）渔业户中被赡（抚）养的人口；

（4）在既有渔业劳动者又有非渔业劳动者的家庭中，根据渔业与非渔业纯收入比例分摊的被渔业劳动者赡（抚）养的人口。

30. 渔业劳动力 凡是从事渔业生产活动时间全年累计达到或超过 3 个月，且年龄在 16 周岁以上者（不包括 16 周岁以上的在校学生），均统计为渔业劳动力。

31. 海洋石油天然气工业总产值 根据目前海洋石油企业的状况，计算海洋石油企业工业总产值的范围为原油、天然气或油（气）加工后作为商品销售的成品、半成品价值以及其他符合国家规定的工业产品和工业性作业的价值。其计算方法为

报告期按不变价计算的工业总产值=报告期产品产量×不变价格

报告期按当年价计算的工业总产值=Σ（销售量×销售单价）+期末库存量×报告期平均销售单价－期初库存量×上期平均销售单价

32. 原油产量 是按净原油量来计算的，即扣除含水、泥沙后，能直接用于销售和生产自用的原油量。目前海洋石油系统原油产量计算方法采用“倒算法”。

原油产量=销售量+期末库存量－期初库存量+海上平台及陆地终端处理厂自用量。

33. 天然气产量 指进入集输管网的销售量和就地利用的全部气量。

天然气产量=外输（销）量+企业自用量

34. 海洋原油出口量 指销往国外的产品数量。

35. 海洋原油出口创汇额 指产品销往国外的归中方所有的全部外汇收入。以美元或万美元表示。

36. 原油总产值 指以货币形式表现的原油产品价值的总量。

原油总产值（不变价）=报告期原油产量×原油不变价

原油总产值（当年价）=报告期原油产量×报告期原油销售价格

37. 天然气总产值 指以货币形式表现的天然气产品价值的总量。

天然气总产值（不变价）=报告期天然气产量×天然气不变价

天然气总产值（当年价）=报告期天然气产量×报告期天然气销售价格

38. 海滨砂矿 包括在砂质海岸或近岸海底开采的金属砂矿和非金属砂矿，主要品种有：铁矿砂、锡石矿砂、砂金和稀有金属砂矿（金红石、钛铁矿、锆英石和独居石等）、金刚石砂 矿、砾以及非金属建筑材料等。

39. 盐田总面积 系指盐田占有的全部面积，包括生产上已利用的储水、蒸发、结晶面积，滩内的沟、壕、池埝以及滩坨等面积和滩外沟、壕、公路以及可以利用的有扩建、改建条件的杂地面积。

40. 盐田生产面积 系指海盐生产已利用的储水、蒸发、结晶、滩内沟、壕、池埝及滩坨面积之和。

41. 年末原盐生产能力 指年末企业生产原盐的全部设备的综合平衡能力。海盐生产露天作 业，受天气影响，因而计算生产能力时，成熟滩田按 10 年实际平均单位生产面积产量乘以本 年成熟滩田生产面积而得，新滩田按设计能力及滩田成熟程度可能达到的产量计算。

42. 造船综合吨 等于以载重吨数为计算单位的和以满载排水量吨数为计算单位的民用船舶的吨数之和。

43. 货运量 指经船舶实际运送的货物重量，按到达量统计。

44. 货物周转量 指实际运送的货物与其运送距离的乘积。

45. 集装箱运量 既包含货重,也包含箱重。箱重系指凡承运租用的空箱或有运费收入的,应统计为运量,按空箱一吨为货运量一吨，若无收入所承运的空箱一律不作运量统计。

46. 集装箱货重 指使用集装箱运输的货物的实际重量。

47. 客运量 指经船舶实际运送的旅客人数，按到达量统计。

48. 旅客周转量 指实际运送的旅客人数与其运送距离的乘积。

49. 海洋运输船舶 指进行海洋运输活动的船舶。非海洋运输船舶及农业、渔业生产用船舶不包括在内。

50. 总载重量 指船舶达到满载吃水线时所能载运的最大载重吨位数。

总载重量=满载排水量－空船排水量

51. 净载重量 亦称定额载重量。是指船舶用于载运货物的定额吨位数。

净载重量=总载重量－燃物料－淡水等给养－船舶常数

船舶常数 是指船舶在营运中残留的污水、压舱水和船壳寄生物等。

52. 载客量 船舶用于载运旅客的载客定额数。不包括船员自用的铺位。

53. 标准箱位 指设有转锁装置,专用于运载国际集装箱的箱位,以“TEU”表示。“TEU”是“折合 20 英尺标准箱”的英文缩写语。国际标准集装箱按 TEU 折算的系数如下:

箱 型	数量	折合 TEU
45 英尺箱	1	2.25

40 英尺箱	1	2
35 英尺箱	1	1.75
20 英尺箱	1	1
10 英尺箱	1	0.5

54. 功率 指机动船舶主机的额定功率,以千瓦表示。1 千瓦=1.3596 马力

55. 货物吞吐量 指经水运进出港区范围，并经过装卸的货物数量，包括邮件及办理托运手续的行李、包裹以及补给运输船舶的燃、物料和淡水。货物吞吐量按货物流向分为进口、出口吞吐量，按货物交流性质分为外贸货物吞吐量和国内贸易货物吞吐量。货物吞吐量的货类构成及其流向，是衡量港口生产能力大小的重要指标。

56. 旅客吞吐量 是指由水运乘船进、出港区范围的旅客人数。旅客吞吐量应包括乘旅游船 进、出港口的旅客人数。但不包括港区内的轮渡及短途客运的旅客人数、免票儿童及各船舶的船员人数。计量单位为人次。

57. 营运收入 指海洋交通运输企业的业务经营收入总额。包括运输收入、装卸收入以及其它营业收入。

58. 码头长度 是指港口设有系靠船舶设施,专用于靠泊船舶,进行装卸货物或上下旅客地段的长度。包括固定和浮动的各种型式码头的长度。但不包括各种护岸和自然岸坡的长度。

计算码头长度时,固定式码头,自码头的一端至另一端的全部长度。浮式码头,只计算本身的正面长度,不包括浮码头两端及其内档长度。

59. 泊位个数 是指设有系靠船舶设施，在同一时间内可供靠泊最大吨级的船舶艘数。即可靠泊一艘船舶，则计为一个泊位，余类推。泊位分码头泊位和浮筒泊位。

60. 万吨级泊位数 **指能靠泊**万吨级及以上船舶的泊位。

61. 对外开放一类水运口岸 是指由国务院批准开放的口岸（包括中央管理的口岸和由省、市、自治区管理的部分口岸）。

62. 接待人次数 指来我国探亲访友、度假、观光、参加会议或从事经济、文化、体育、宗教等活动的外国人、华侨、港澳台同胞人数。包括过夜人数和不过夜人数。统计时旅游者每入境一次统计一次。

63. 接待人天数 指过夜旅游者的停留天数。

64. 外国人 指外国国籍的人，加入外籍的中国血统华人也计入外国人。

65. 华侨 指持有中国护照、但侨居外国的中国同胞。

66. 港澳台同胞 指居住在我国香港、澳门地区和台湾省的中国同胞。

67. 国际旅游外汇收入 入境旅游者在中国（大陆）境内旅行、游览过程中用于交通、参观游览、住宿、餐饮、购物、娱乐等全部花费。

68. 涉外饭店 指经我国公安、工商、旅游等有关部门批准的可以接待海外旅游者的住宿设施。既包括已评定星级的旅游涉外饭店，也包括尚未评定星级标准的其他旅游住宿设施。

69. 客房数 指涉外饭店实际可用于接待旅游者的房间数。

70. 床位数 指涉外饭店实际可用于接待旅游者的床位数。

71. 高级职称 指研究员、副研究员；教授、副教授；高级工程师；高级农艺师；正、副主任医（药、护、技）师；高级实验师；高级统计师；高级经济师；高级会计师；编审(正、副编审)；译审(正、副译审)、高级(主任)记者；正、副研究馆员等。

72. 中级职称 指助理研究员；讲师；工程师；农艺师；主治医(药、护、技)师；实验师；统计师；经济师；会计师；编辑；翻译；记者；馆员等。

73. 初级职称 指研究实习员；助教；助理工程师、技术员；助理农艺师、农业技术员；医(药、护、技)师、医(药、护、技)士；助理实验师、实验员；助理统计师、统计员；助理经济师；助理会计师、会计员；助理编辑、见习编辑；助理翻译；助理记者；助理馆员、管理员等。

74. 基础研究 为获得新知识而进行的独创性研究。其目的是揭示观察到的现象和事实的基本原理和规律，而不以任何特定的实际应用为目的。

75. 应用研究 为获得新的科学技术知识而进行的独创性研究。它主要针对某一特定的实际应用目的。应用研究通常是为了确定基础研究成果或知识的可能的用途，或是为达到某一具体的、预定的实际目的确定新的方法(原理性)或途径。

76. 实验发展 利用从研究或实际经验获得的知识，为生产新的材料、产品和装置，建立新的工艺和系统，以及对已生产或建立的上述各项进行实质性的改进，而进行的系统性工作。

77. 成果应用 为解决R&D活动阶段产生的新产品、新装置、新工艺、新技术、新方法、新系统和服务等能投入生产或在实际中应用所存在的技术问题而进行的系统性活动。它不具有创新成分。此类活动包括为达到生产目的而进行的定型设计和试制以及为扩大新产品的生产规模和新方法、新技术、新工艺等的应用领域而进行的适应性试验。

78. 科技服务 与科学研究与实验发展有关，并有助于科学技术知识的产生、传播和应用的活动，包括：为扩大科技成果的使用范围，而进行的示范性推广工作；为用户提供科技信息和文献服务的系统性工作；为用户提供可行性报告、技术方案、建议及进行技术论证等技术咨询工作；自然、生物现象的日常观测、监测，资源的考查和勘探；有关社会、人文、经济现象的通用资料的收集，如统计、市场调查等，以及这些资料的常规分析与整理；为社会和公众提供的测试、标准化、计量、计算、质量控制和专利服务，不包括工商企业为进行正常生产而开展的上述活动。

79. 生产性活动 由于业务特殊的工艺设备条件，或掌握某种技术专长或诀窍，所进行的小量非常规生产。

80. 海洋科研机构 指有明确的研究方向和任务，有一定水平的学术带头人和一定数量、质量的研究人员，有开展研究工作的基本条件，长期有组织地从事海洋研究与开发活动的机构。

81. 海洋教育机构 指设有海洋专业的高等院校和中等专业学校。

82. 海洋专业 指高等学校和中等专业学校所设的与海洋有关的专业。

83. 工业废水排放量 指经过企业厂区所有排放口排到企业外部的工业废水量。包括生产废水、外排的直接冷却水、超标排放的矿井地下水和与工业废水混排的厂区生活污水，不包括外排的间接冷却水(清污不分流的间接冷却水应计算在内)。

84. 直接排入海的工业废水量 指经企业位于海边的排放口，直接排入海的废水量。直接排入是指废水经过工厂的排污口直接排入海，而未经过城市下水道或其他中间体，也不受其他水体的影响。

85. 工业废水处理量 指报告期内各种水治理设施实际处理的工业废水量，包括处理后外排的和处理后回用的工业废水量，虽经处理但未达到国家或地方排放标准的废水量也应计算在内。计算时，如遇有车间和厂排放口均有治理设施，并对同一废水分级处理时，不应重复计算工业废水处理量。

86. 工业废水处理率 指工业废水处理量占需要处理的工业废水量的百分率. 计算公式是:

工业废水处理率=（工业废水处理量／ 需处理工业废水量）×100%

式中:需处理工业废水量=工业废水排放量+工业废水处理回用量

-(工业废水排放达标量-工业废水处理排放达标量)

87. 工业废水排放达标量 指各项指标都达到国家或地方排放标准的外排工业废水量，包括经过处理后外排达标的和未经处理外排达标的两部分。国家排放标准见GB 8978 88。

88. 工业废水处理排放达标量 指经过各种水治理设施处理后达到国家或地方排放标准的废水排放量。

89. 工业固体废物处置量 指将固体废物焚烧或者最终置于符合环境保护规定要求的场所并不再回取的工业固体废物量(包括当年处置往年的工业固体废物累计贮存量)。

90. 工业固体废物排放量 指将所产生的固体废物排到固体废物污染防治设施、场所以外的量。不包括矿山开采的剥离废石和掘进废石(煤矸石和呈酸性或碱性的废石除外)。

91. 本年开工污染治理项目数　指报告期内由国家、部门、地方或企业单位安排开工的、并以治理污染、“三废”综合利用为主的治理废水、废气、固体废物、噪声和其他(如电磁波、恶 臭等)环境污染的环境治理工程的总数。不包括“三同时”项目。

92. 本年竣工项目数　指报告期内竣工投入运行的治理废水、废气、固体废物、噪声及治理其他污染的环境工程项目的总数。

1.Coastal Region refers to the regions with coastlines (continental and island coastlines, which are divided into the coastal provinces (municipalities directly under the Central Government and autonomous regions) aecording to the administrative zoning.

2.Coastal City refers to the cities with coastlines, including the municipalities directly under the Central Government and the prefecture-level cities.

3.Coastal District refers to the districts with coastlines within the municipalities directly under the Central Goernment.

4.Coastal County refers to the counties and county-lerel cities with coastlines.

5.Gross Domestic Product (GDP) refers to the final result of the primary distribution of the income created by all the resident units of a country (or a region) during a certain period of time. Gross domestic product is expressed in three different forms, i.e.value, income,and products respectively. The form of value refers to the total value of all products and services produced by all resident units during a certain period of time minus total value of intimidate input of materials and services of the nature of non-fixed assets or the summation of the valueadded of all resident units: the form of income includes all the income created by all resident units and distributed primarily to all resident and non-resident units; the form of products during a given period of time. In the practice of national accounting, gross domestic product is calculated with three approaches,i.e.production approach,income approach, and expenditure approach, which reflect gross domestic product and its composition from different aspects.

6.Three Industries Industry structure has been classified according to the historical sequence of development. Primary industry refers to extraction of natural ressources: secondary industry involves processing of primary products; and tertiary industry provides services of various kinds for production and consumption.The above classification is universal although it varies to some extent form country to country. Industry in China comprises:

Primary industry: agriculture (including farming, forestry, husbandry, sideline production, and fishing).

Secondary industry: industry (including mining, manufacture, water supply, electricity generation and supply, steam, hot water, gas) and construction.

Tertiary industry: all other industries not included in primary or secondary industry.

Owing to the fact that the tertiary industry involves a large variety of industries in China, it is divided into two sectors : circulation sector and service sector, and further into four levels:

The first level: circulation sector, including transportation, postal service and communication, commerce, catering, material supply and distribution, and storage.

The second level: service sector providing service for production and consumption, including banking, insurance, geological survey, real estates, public utilities, service for residents, consultant service, and comprehensive technical services, and service for agriculture, forestry, husbandry, fishing, water conservancy, and maintenance of roads, internal water ways, etc.

The third level: service for improving education and cultural life of people, including education, culture, broadcasting, television, scientific research, health, sports, and social welfare, etc.

The fourth level: sector providing service for public needs, including government agencies, political and party institutions, social organizations, armies, and policemen.

7.Gross Output Value of Industry is the total volume of industrial products sold or available for sale in value terms which reflects the total achievements and overall scale of industrial production during a given period. It includes the value of the finished products, which are not to be further processed in the enterprises and have been inspected, packed and put in storage, the value of industrial services rendered to other units, and the changes in the value of the semi-finished products and products in process between the beginning and closing of the period. The gross industrial out-put value is calculated with "factory method". No double calculations are to be made within the same enterprise. However, double counting does occur among differentent enterprises.

8.Gross Output Value of Agriculture refers to the total value of products of farming, forestry, animal husbandry and fishery, which reflects the total scale and result of agricultural production during a given period. Gross output value of agriculture is obtained by first multiplying the output of each product or by product by its price, resulting in the output value of each single item. For a small number of products, annual output of which is not available or difficult to the long production growing process involved, the output value is estimated through an indirect approach. The sum of output value of all products of farming, forestry, animal husbandry, and fishery is then equal to the gross output value of agriculture.

(1) Agriculture: crops planting and other agriculture.

(2) Forestry: cultivation of forest trees (not including such activities as cultivation, management and harvesting of tea plantation, mulberry field and orchards), collection of forest products as well as felling of trees and bamboo by the cooperative economic organizations of the villages of those below the villages and peasant households.

(3) Animal husbandry: all animal rearing and grazing as well as hunting and rearing of wild animals other than fishery culture.

(4) Fishery: culture and catching of aquatic animals and algae-type plants.

9.Added Value refers to the final result of production operation and labor activities of all trades and professions, which is calculated by using the methods of production and income.

Production Method: refers to the method whereby to get the newly added value by proceeding from the gross product of goods and service activities occurring in the course of production and then rejecting the value of intermediate product input in the course of productions.

Income Method: is also called the distribution method. The calculation of the gross domestic product (GDP) by the income method is the accounting of the result of productive activities of permanent units from the angle of the income created in the course of production. According to this method, the added value is composed of the payment for laborers, depreciation for fixed assets, net tax on production and business surplus.

10.Total Population at the End of the Year refers to the sum of living individuals in the particular range of area at 24:00 on December 31 of each year.

11.Agricultural Population refers to the population which depends on being engaged in agriculture (including animal husbandry, fishery and forestry production) for maintaining its livelihood as well as the population which it brings up.

12.Non-Agricultural Population refers to the population which depends on being engaged in occupations other than agriculture for maintaining its livelihood as well as the population it brings up.

13.Employed Persons refer to the persons who are engaged in social labour and receive remuneration payment or earn business income, including: total staff and workers, re-employed retirees,employers of private enterprises,self-employed workers,employees in private enterprises and individual economy, employees in the township enterprieses,employed persons in the rural areas, other employed persons(including teachers in the schools run by the local people, people engaged in religious profession and the servicemen, etc.). This indicator reflects the actual utilization of total labour force during a certain period of time and is often used for the research on China's economic situation and national power.

14.Persons Employed in Various Units refer to all the persons working in government agencies of various levels, political and party organizations, social organizations, enterprises and institutions, and receiving wages or other forms of payment. They include fully-employed staff and workers, re-employed retirees, teachers in schools run by the local people, foreigners and Chinese compatriots form Hong Kong, Macao, and Taiwan working in various units , part-time employees, employees of other units working temporarily at current posts, and employees holding the second job , but exclude staff and workers who have left their working units while keeping their labour contract (employment relation) unchanged. This indicator reflects the total number of laborers actually engaged in production or other operations in various units.

15.Marine Industry refers to the various kinds of productive and service activities by man to use marine resources and the space, which fall into the following five categories: (1) the production and service to directly obtain products from the ocean; (2) the primary processing of and service for the products directly obtained from the ocean; (3) the production and service directly applied to the products from the ocean; (4) the production and service carried out with the utilization of seawater and marine space as the basic elements in the production process; (5) marine scientific research, education, technical service and management.

16.Gross Output Value of Marine Industry refers to the sum total of output value of various types of marine industry. At present, the gross output value of marine industry refers to the sum of the output values of such industries as marine fisheries, maritime transportation, sea salt-making industry, offshore oil and natural gas, beach placer, coastal tourism, marine shipbuilding, etc.

17.Total Pre-Tax Profits The calculating method is:

Profits + Tax on Added Value + Tax on States and Surtax

18.Number of Enterprises refers to the number of independent accounting enterprises with qualifications of an artificial person.

19.Total Seawater Aquatic Products refers to the output of marine aquatic products harvested from the ocean and the areas of mariculture, which include fish, shrimp and crab, shellfish, algae as well as other seawater products from sea water.

Fish: includes all kinds of marine fishes, such as large and small yellow croakers, hairtail, Chinese herring, Spanish mackerel, silver pomfret, porgy, chub mackerel, *Decapterus maruadsi* (T. & S.), anchovy, *Sardinella orientalis, clupea pallasi* (C. & V.), sea eel, grouper, mullet, red coat, black scraper, etc.

Shrimp and Crab: includes all kinds of seawater shrimp and crab, such as prawn, *Trachypenaeus curvirotris* (Stimpson), lobster, shrimp, swimming crab, scylla, etc.

Shellfish: includes cuttlefish, squid, oyster, razor clam, clam, mussel, scallop, ablone, Rapana bezoar (Linnaeus) and other shellfish of higher economic value.

Algae: includes kelp, laver (*Porphyra spp.*), *Undaria pinnatifida* (Harv.) Suringer, agar, *Gloiopeltis furcata* (P. et R.) J. Ag., *Eucheuma muricatum* (Gmel) Weber-van Bosse, *G. verrucosa* (Huds) Papenfuss and other algae of higher economic value.

Other Seawater Products: includes jellyfish, sea cucumber, pearls and other seawater economic animals and plants.

20.Marine Catches refers to the output of the naturally growing aquatic products caught from the sea.

21.Mariculture Production refers to the output of aquatic products whose young are artificially released or naturally collected, and raised and managed artificially, and which are caught from the waters of mariculture.

22.Mariculture Area refers to the area of the water surface where seawater economic animals and plants, such as fish, shrimp and crab, shellfish and algae, are cultivated artificially by making use of tidal flat, shallow sea and harbor. Whether or not all the products in the area have been harvested or the products have not been harvested yet in the period covered by the report, the area is included in the Mariculture Area. But some tidal flats and water surfaces where none or a small amount of the young have been released and only general management is carried out are not included in the Mariculture Area.

(1) Shallow Sea Culture: refers to the cultivation of seawater economic animals and plants in the cultivable shallow sea.

(2) Harbor Culture: refers to the mariculture carried out in the harbors, bays or the tidal flats, low-lying land blocked by flood gates or dykes near the sea coast and estuaries.

(3) Tidal-Flat Culture: refers to the mariculture carried out in the soft muddy or sandy mud land in the coastal tidal zone which has been levelled, or where dams and dykes have been built.

23.Marine Aquatic Products Processing Industry refers to the industry which uses various productive techniques and technologies to prevent aquatic products from becoming putrid and going bad and retaining the original nutrient components and the unique taste of aquatic products; or to change the original properties of aquatic products and make them into products for various uses. The enterprises which are engaged in the production of processed marine aquatic products are referred to as the marine aquatic products processing enterprises. The aquatic products processing capacity refers to the annual capacity of processing and treating aquatic products designed at the time of building the factory and newly added when the factory is rebuilt or expanded. The processed aquatic products include frozen aquatic products, dry products, salted products, smoked products, tinned goods, fish paste and fish paste products, animal protein feed, auxiliary and additive of internal organ products of aquatic animals, aquatic products condiments, medicines and chemical reagents as well as other processed aquatic products.

24.Output Value of Seawater Aquatic Products refers to the total amount of aquatic products from marine fishing and mariculture expressed in money in a given period (usually one year), which includes

(1) output value of aquatic animals and algae artificially cultivated;

(2) output value of the natural aquatic animals fished and the natural algae gathered.

25.Output Value of Marine Aquatic Products Industry refers to sum of the output value of the marine aquatic products processing ship and shipborne machines rapairing and building fishing rope and net making.

26.Number of Fishing Boats Owned refers to the number of motorized and non-motorized vessels used for marine fishery production and owned by enterprises and units in the marine fishery industry of various economic types, such as state-, collective- and privately-owned, and jointly operated enterprises and units (the Chinese-foreign cooperatively operated vessels that belong to the Chinese side), but not includes the fishing boats used by fishery scientific research institutions and schools for scientific survey or practice training as well as transport ships for purchasing owned by the commercial sector.

27.Marine Motorized Fishing Vessels refer to the vessels equipped with machines as motive power and going for marine fishery production and auxiliary fishery production.

Gross Tonnage: is a metric unit defining the tonnage of vessels in accordance with the appropriate provisions of the Ship Tonnage Measurement Convention of the International Maritime Organization.

Each 2.83 m^3 (or 100 cubic feet) of the ship's volume is measured as one ton.

28.Fishery Township and Fishery Village refers to the townships and villages in the coastal regions, which mainly go in for marine fishery and where the labor force engaged in marine fishery production occupies over 60% of the total labor force. Some townships and villages whose labor force is not up to the above-mentioned proportions, but which have been oriented mainly to marine fishery and have been approved by the competent department at a higher level as Fishery Township or Village may also be included as Fishery Township or Fishery Village.

29.Fishery Population refers to the laborers who directly go in for fishery production as well as the population they support, including specifically:

(1)the employed population which directly goes in for fishing, mariculture and logistic production of marine fishery;

(2)among the laborers who are concurrently engaged in marine fishery and other non-marine fishery, those who go in for fishery productive activities for an accumulative total period of 3 or over 3 months in the whole year, or those who go in for fishery productive activities for an accumulative total period of less than 3 months in the whole year, but whose net income from fishery exceeds 50% of their total net income;

(3)the population supported in the fishery households;

(4)in the families with both fishing laborers and non-fishing laborers, the population supported by the fishing laborers shared according to the proportion between the net income from fishery and that form non-fishery activities.

30.Fishing Labor Force refers to those who go in for fishery productive activities for an accumulative total period of 3 or over 3 months in the whole year and whose age is over 16 (not including the school students over 16).

31.Gross Output Value of Offshore Oil Industry In the light of the current situation of the offshore petroleum enterprises, the gross industrial output value of offshore petroleum enterprises as calculated includes the output value of crude oil, natural gas or finished or semi-finished products on sale as goods after oil (gas) has been processed as well as that of other industrial products and industrial operations that accord with the state's stipulations. The calculating formula is:

Gross industrial output value calculated at the constant in the period covered by the report= Output of products in the period covered by the report × Constant price.

Gross industrial output value calculated at the price of the current year in the period covered by the report = Σ (sales volume × unit selling price) + Reserves at the end of the period × Average unit selling price in the reported period – Reserves at the beginning of the period × Average unit selling price in the previous period.

32.Output of Crude Oil is calculated on the basis of the net amount of crude oil,i.e.The amount of crude oil that may be directly used for sale and for the production itself after deducting the water, and mud and sand contained in the oil.

Output of crude oil = Volume of sales + Reserves at the end of the period

– Reserves at the beginning of the period

+Amount for self use on the platforms and in the land terminal processing plants.

33.Output of Natural Gas refers to the total gas volume of sales volume entering the oil collecting and transport pipeline network and that used locally.

Output of natural gas = Volume of sales or transport to other areas

+ Volume used by the enterprise itself

34.Export Volume of Offshore Crude Oil refers to the amount of products for sale abroad.

35.Foreign Exchange Earnings of Offshore Crude Oil refers to the total foreign exchange income from oil (gas) products for sale abroad which is owned by the Chinese side.

36.Gross Output Value of Crude Oil refers to the total volume of output value of crude oil products expressed in money.

Gross Output Value of Crude Oil (at constant price) = Production of crude oil in the reported period × the constant price of crude oil of crude oil (at current price) = Production of crude oil in the reported period × selling price of crude oil in the reported period

37.Gross Output Value of Natural Gas refers to the total amount of output value of natural gas.

Gross output value (at constant price) =Production of natural gas in the reported period × the constant price of natural gas.

Gross output value (at current price) =Production of natural gas in the reported period ×selling price of natural gas in the reported period

38. Beach Placers include the metallic and non-metallic placers exploited on the sandy coast or nearshore seabed. The main species of beach placer are ironore sand, cassiterite sand, placer gold and rare metals placers (rutile,ilmenite,zircon and monazite), diamond placer and gravel as well as nonmetallic building materiels.

39.Total Area of Salt Pans refers to the total area covered by salt pans, including the area already used in production for water storage, evaporation and crystallization, the area of ditches, moats and pond banks within the beach as well as beach mounds, and ditches, moats, highway beyond the beach as well as the area of miscellaneous lands that can be utilized to be extended or reconstructed.

40.Area of Salt Pan Production refers to the sum of the area which has been used for water storage, evaporation and crystallization, ditch, trenches and pond banks within the beach as well as the beach mounds.

41.Year-End Capacity of Crude Salt Production refers to the integrated and balanced capacity of all equipment of the enterprise used for crude salt production at the end of the year. As sea salt production is an open-air operation, which is subject to the effect of weather, the production capacity of a matured salt pan is calculated at the productions of the actual average unit production area in ten years times the production area of the matured salt pan in the current year. The production capacity of new salt pans is calculated at the production that may be reached in the light of the designed capacity and the level of maturity of the salt pan.

42.Comprehensive Tonnages of Shipbuilding are equal to the sum of tonnage of civilian vessels calculated in deadweight tonnage and in tonnage at full-load displacement.

43.Freight Traffic refers to the weight of cargoes actually transported by vessels, which is counted according to the volume of arrival.

44.Freight Ton-kilometers refers to the product of the actually transported cargoes and the transport distance.

45.Freight Volume of Containers includes the weight of both cargoes and container boxes. The weight of container boxes refers to the weight of empty containers rented for transport or having freight income and should be included in the freight volume, one ton of empty boxes equalling to one ton of freight volume. The empty boxes which have no income for transportation are not included in the freight volume. It includes the container freight volume accomplished by the self-owned vessels operated by water transport enterprises, the container freight volume accomplished by the vessels leased out by water transport enterprises in the form of time charter, cruise time charter and voyage charter, as well as the container freight volume accomplished by the bare vessels chartered by water transport enterprises. The container freight volume accomplished by the vessels of other departments organized (or operated instead of these departments) by water transport enterprises will be counted by the enterprises in charge of organization (or operation). The container freight volume accomplished by the vessels chartered by water transport enterprises in the form of time charter, cruise time charter and voyage charter and that accomplished by the bare vessels chartered out by water transport enterprises.

46.Containerized Cargo Weight refers to the actual weight of cargoes transported by using containers.

47.Passenger Transport Volume refers to the number of passengers actually transported by vessels, which is counted according to the number of arrivals.

48.Passenger Turnover Volume refers to the product of the number of passengers actually transported and the shipping distance.

49.Marine Transport Vessel refer to the ships engaged in marine transport activities. Vessels not for marine transport or those for agricultural and fishing production are not included therein.

50.Gross Loading Capacity refers to the maximum deadweight tonnage that may be carried when the vessel reaches the full-load waterline.

Gross Loading Capacity = Full-load Displacement – Empty Vessel Displacement

Ship Constant: refers to the residual sewage and ballast water as well as the parasites on the ship hull, etc. during the operation of the ship.

51.Net Loading Capacity is also called rated loading capacity. It refers to the rated tonnage of vessels for shipping cargoes.

$$\text{Net loading capacity} = \text{Gross loading capacity} - \text{Fuel materials} - \text{Freshwater and other supplies} - \text{Vessel constant.}$$

52.Passenger Spaces refers to the rated number of passengers carried by vessels, not including the bunks used by the crew itself.

53.Container Spaces refers to the box seat equipped with rotating lock devices and specially used for carrying international containers. It is expressed by TEU, which is the abbreviation for "twenty-foot equivalent unit". The coefficients of international standard containers converted to TEU are:

Box Type	Number	Converted to TEU
45-foot box	1	2.25
40-feet box	1	2
35-feet box	1	1.75
20-feet box	1	1
10-feet box	1	0.5

54.Power refers to the rated power of main engines of the motorized vessels, expressed in kilowatt.

1 kW = 1.3596 hp

55.Cargo Handled refers to the volume of cargo passing in and out the harbor area of the major coastal ports and having been loaded and unloaded.The volume includes that of the postal matters, registered luggage and fuels, materials and fresh water as supplies of the ships. The volume of freight handled may be classified by direction of flow as freight for import and freight for export, or by nature of cargo as freight for domestic trade and freight for foreign trade. As an important indicator, the volume of freight handled by trpe of cargo and by main flow direction reflects the production capacitry of ports.

56.Passengers Leaving and Arriving refers to the number of passengers coming in and out of the harbor area via water transport. It should include the number of passengers coming in and out of the harbor on board tourist vessels, but not include the number of passengers on board ferry boats in the harbor area and those on short-distance voyages, children free of charge and the ship crew. It is measured in person-times.

57.Operating Income refers to the total amount of operational income of the enterprises of marine transportation and communications, including income from transportation, loading and unloading as well as other operating income.

58.Length of Quay Line refers to the length of the areas in the harbor equipped with facilities for mooring vessels used specially for mooring ships, loading and unloading cargoes or for passengers to go on board or to go ashore. It includes the lengths of various types of fixed or floating wharves, but not those of bank revetments and natural bank slopes.

In calculating the length of a wharf, the total length from one end to the other end of the wharf is calculated for fixed-type wharves while, for a floating wharf, only the frontal length of the wharf proper is calculated, not including the lengths of the two ends of the wharf as well as the wharfside.

59.Number of Berths refers to the spaces equipped with facilities for docking ships and the number of ships of the maximum tonnage that may dock or anchor in them. A space for a ship to dock is counted as one berth and the rest are reasoned out by analogy. Berths are divided into wharf berths and buoy berths.

All the wharf berths within the harbor area, whether or not used for production, should be counted, including both the wharf berths whose property rights belong to the port office and the special-purpose ones whose property rights belong to the shipping sector or enterprises.

60.Number of Berths of the 10 000 Tonnage Class includes the berths of the 10 000 ton class and over the 10 000 ton class.

61.The First Class Open Seaports refer to the ports approved by the State Council to open to the outside world (including the ports directly under the Central Government and part of the ports managed by provinces, autonomous regions and municipalities directly under the Central Government.

62.International Tourists Arrivals refers to the number of foreigners, overseas Chinese and the Taiwan Province, Hong Kong and Macao compatriots who have come to China for visiting their relatives and friends, holiday-making, sightseeing, attending meetings or carrying out economic, cultural, sports and religious activities, including the number of people who put up for the night or that of people who do not. Each entry of tourists into the country is counted once.

63.International Tourists Nights refer to the days of stay of the overnight tourists.

64.Foreigners refers to the people with foreign nationality, including foreign nationals of Chinese descent.

65.Overseas Chinese refers to the Chinese compatriots who hold Chinese passports, but live in foreign countries.

66. Compatriots from Hong Kong, Macau and Taiwan Province refers to the Chinese compatriots living in Hong Kong, Macao and Taiwan Province of China.

67.International Tourism (foreign exchange) Receipts refer to the total expenditure made by inbound tourists within the territory of China (the mainland) in their course of travel on transport, tours and sightseeing, lodging, food and beverage, shopping, entertainment and etc.

68.Tourist Hotels refers to accomodation establishments which are approved by the public security, industrial and commercial, and tourism departments to cater for overseas tourists. This includes both star-rated hotels and non-star-rated other accommodation establishments.

69.Number of Rooms: refers to the number of guests rooms actually used by the hotels receiving foreign nationals to receive tourists.

70.Number of Beds refers to the number of beds actually used by the hotels receiving foreign nationals to receive tourists.

71.Senior Technical Title refers to research scientist, associate research scientist; professor, associate professor; senior engineer; senior agronomist; professor-rank and associate professor-rank doctor (pharmacists, nurses and technicians); senior laboratory technician; senior statisticians; senior economic engineer; chief accountant; senior editor (professor and associate professor ranks); senior translator (professor and associate professor ranks); senior journalist; research librarian (professor and associate professor ranks), etc.

72.Intermediate Technical Title refers to assistant research scientist; lecturer; engineer; agronomist; lecturer-rank doctor (pharmacist, nurse and technician); laboratory technician; lecturer-rank statistician; economic engineer; accountant; editor; translator; journalist; librarian, etc.

73.Primary Technical Title refers to trainee researcher; assistant; assistant engineer, technician, assistant agronomist, agricultural technician; assistant-rank doctor (pharmacist, nurse and technician); assistant laboratory technician; assistant statistician; assistant economic engineer, assistant accountant; assistant editor, editor on probation; assistant translator; assistant journalist; assistant research librarian, librarian ,etc.

74.Basic Research refers to the original research to acquire new knowledge. It is aimed at revealing the basic principles and laws of the phenomena and facts observed, but not at any specific practical applications.

75.Applied Research refers to the original research to acquire new scientific and technological knowledge. It mainly serves the purpose of a particular practical application. The purpose of applied research is usually to define the potential uses of the research finds or knowledge obtained from basic research or to identify new methods (principles) or ways to reach a specific and predetermined goal.

76.Experimental Development refers to the systematic work carried out to establish new technologies and systems for producing new materials, products and equipment by using the knowledge obtained from research or practical experience, or to make substantial improvement of the above-mentioned which have been produced or established.

77.Result Application refers to the systematic activities carried out to solve the technical problems that might crop up in the production or practical application of the new products, devices, technologies, techniques, methods, systems and service occurring in the course of R&D activities. They do not bring forth new ideas. Such activities include the finalizing design and trial-production for the purpose of production as well as the adaptive tests to expand the production scale of new products and the application areas of new methods, techniques and technologies.

78.Scientific and Technological Service refers to the activities that are associated with the scientific research and experimental development, and contribute to the generation, dissemination and application of scientific and technological knowledge, which include the demonstrative work of popularization to enlarge the use scope of scientific and technological achievements; the systematic work of providing the users with scientific and technological information and literature service; the technical consultation work of providing users with feasibility reports, technical schemes and recommendations and carrying out technical demonstration; routine observation and monitoring of natural and biological phenomena, and the survey and exploration of resources; collection of universal data on the appropriate social, cultural and economic phenomena, such as statistics and market survey, as well as the routine analysis and sorting-out of these data; the provision for the society and the public of such service as testing, standardization, computation, quality control and patent, but not include the type of the above-mentioned activities carried out by industrial and commercial enterprises for the purpose of normal production.

79.Productive Activity refers to the small-scale and non-conventional productions due to the presence of special technologies and equipment or mastery of a particular technical expertise or secret of success.

80.Marine Scientific Research Institution refers to the institution which has definite research orientations and tasks, high-level academic leading personnel and a fair-sized, qualified research personnel, and basic conditions for research work and which is engaged for a long time in the marine research and development activities in an organized way.

81.Marine Educational Institutions refer to the institutions of high learning and the technical secondary schools with marine specialities.

82.Marine Speciality refers to the ocean-related speciality in the institutions of high learning and the technical secondary schools.

83.Volume of Industrial Waste Water Discharged refers to the quantity of industrial waste water discharged externally through all the outlets in the factory area of the enterprise, including the waste water from production, externally discharged direct cooling water, mine-shaft groundwater discharged beyond the standard and the domestic sewage of the factory area discharged together with the industrial waste water, but not including the indirect cooling water discharge externally.

84.Volume of Industrial Waste Water discharged Directly to Sea refers to the quantity of waste water directly discharged into the sea through the outlets of the enterprise by the sea. Direct discharge means the direct discharge into the sea of waste water through thc outlets of the factory, which is not discharged via the urban sewers or other intermediates and is not affected by other water bodies.

85.Volume of Industrial Waste Water Treated Processing Volume refers to the industrial waste water volume actually treated by various water treatment facilities in the period covered by the report, including the quantity of the industrial waste water discharged and reused after treatment. The amount of the waste water which is not up to the state or local standard of discharge upon treatment should be included. If the workshops and outlets of the factory are provided with treatment facilities and carry out graded treatment of the same waste water, the processed volume of industrial waste water cannot be calculated repeatedly.

86.Rate of Industrial Waste Water Treatment refers to the percentage of the processed volume of industrial waste water in the industrial waste water volume that needs to be treated. The calculation formula is:

Rate of Industrial Waste Water Treatment = (Processed Volume of Industrial Waste Water /Processed Volume of Industrial Waste Water Required) × 100%.

Where: Processed Volume of Industrial Waste Water Required = (Processed Volume of Industrial Waste Water + Reused Volume of Industrial Waste Water After Treatment - Up-to-Standard Volume of Industrial Waste Water for Discharge-Up-to-Standard Volume of Industrial Waste Water for Discharge After Treatment).

87. Volume of Up-to-Standard Industrial Waste Water Discharged refers to the externally discharged volume of industrial waste water with all its indexes up to the state or local standard for discharge, including the volume of industrial waste water up to the standard for discharge after being treatment or that without being treated. See GB8978_88 for the state's discharge standard.

88.Volume of Industrial Waste Water Treated Up to Standard Discharged refers to the discharged volume of waste water that is up to the state or local standard for discharge upon treatment by various water treatment facilities.

89.Volume of Industrial Solid Wastes Discharged refers to the amount of solid wastes discharged out of the facilities and sites for the solid wastes pollution prevention and control, not including the stripped and tunneled waste ores in the excavation of mines (other than gangues and acid or alkaline waste ores).

90.Volume of Industrial Solid Wastes Treated refers to the volume of industrial solid wastes which are to be burned or finally placed at the sites in keeping with the requirement of environmental protection and will not be recovered (including the accumulated amount of storage in former years of industrial solid radioactive matter disposed of in the year).

91.Number of Pollution Treatment Projects Started in the Year refers to the total number of environmental pollution control projects for controlling waste water, waste gas, solid wastes, noise and other environmental pollutions (such as electromagnetic wave, offensive odor) started by the state, governmental departments, local governments or enterprises in the period covered by the report mainly for the purpose of pollution control and multipurpose utilization of "three wastes".

92.Number of Pollution Treatment Projects Completed in the Current Year refers to the total number of environmental engineering projects for controlling waste water, waste gas, solid wastes, noise and other pollutions which are completed and put into operation in the period covered by the report.